青少年探索发现

不可思议

流行风尚

The story of Fashion

庞海丽◎编著

郑州大学出版社

郑州

图书在版编目(CIP)数据

不可思议的流行风尚/庞海丽编著. —郑州:郑
州大学出版社,2016.1
　(青少年探索发现)
　ISBN 978-7-5645-1749-6

Ⅰ.①不…　Ⅱ.①庞…　Ⅲ.①社会生活-历史-世界
-青少年读物　Ⅳ.①D58-49

中国版本图书馆 CIP 数据核字(2014)第 115057 号

郑州大学出版社出版发行
郑州市大学路 40 号　　　　　　　邮政编码:450052
出版人:张功员　　　　　　　　　发行部电话:0371-66966070
全国新华书店经销
辉县市伟业印务有限公司印制
开本:787 mm×1 092 mm　1/16
印张:11
字数:158 千字
版次:2016 年 1 月第 1 版　　　　　印次:2016 年 1 月第 1 次印刷

书号:ISBN 978-7-5645-1749-6　　　定价:28.00 元

目 录 {Contents}

一

狂热的不朽梦：古埃及木乃伊流行数千年

看过好莱坞大片《木乃伊》系列吗？影片中那些面目狰狞而充满魔力的木乃伊，是否还停留在你的记忆中？或许你认为，木乃伊复活只不过是艺术家们的想象。不过，三千多年前的古埃及人可不这么看。在他们的心目中，只要把死者制成木乃伊，他们有朝一日终会复活，并且拥有无穷的法力。为了这个梦想，古埃及人纷纷将他们死去的亲人制作成木乃伊。更不可思议的是，他们居然把无数的动物也制成了木乃伊，好让这些动物在另一个世界继续履行职责。而这种奇特的风尚出现后，竟在古埃及盛行了一千多年！

不可思议指数：★★★★★

1.7 千万木乃伊背后的信仰

提起木乃伊，人们无一例外都会联想到全身裹满白色绷带、眼窝深陷、面目狰狞的古尸，进而联想到古埃及，联想到金字塔以及神秘的墓穴、恐怖的咒语……总之，在今人心目中，木乃伊是一种恶心恐怖的代名词。可是，在古埃及，制作木乃伊却是人们生活中的一件大事，是一种流行数千年的流行风尚。

关于木乃伊的产生，在古埃及，流传过这样一个奇异的神话：

传说鹰神荷鲁斯（Horus）的父亲奥西里斯（Osiris）是大地之父和天空之母的第一个孩子，奥西里斯后来娶了妹妹女神伊西斯（Isis）为妻。他们一起教导埃及人民崇尚农耕，生产出面包、葡萄酒和啤酒。伊西斯教导妇女研磨谷物、纺亚麻线、编织布匹。奥西里斯则建起了第一批庙宇神殿，雕刻出第一批神像，借以教导人类崇拜神灵。但是不久之后，由于兄弟塞特（Seth）的嫉妒，奥西里斯成为一起阴谋的牺牲品。塞特为人粗鲁，性格狂暴，并且决意要取代奥西里斯来统治全世界。有一天，他假惺惺地请奥西里斯赴宴，却在席间杀掉他，并把其尸体锁进一口箱子，扔进了尼罗河。伊西斯得知奥西里斯被害的消息，心中充满了悲伤。她剪断自己的头发，撕掉自己的衣袍，立即前去寻找那口箱子。当她历经艰辛，终于找到箱子后，塞特又将奥西里斯的尸体剁成碎块，然后分散扔到各地。痴情的伊西斯仍然不肯罢休，她到处寻找丈夫的尸块，最后终于找齐，并把它们缝合起来。之后，她举行了一场涂香防腐仪式，使被谋杀的亡灵得到永生。奥西里斯躺在那里等待再生，伊西斯也跟他睡在一起，结果就怀上了孩子荷鲁斯。奥西里斯复活后，重新统治全世界，但不久又回到了地底世界，在那里统治着整个死者的世界，而将复仇的任务交给了儿子荷鲁斯。在历尽磨难后，荷鲁斯终于长大成人了，并成功地打败仇敌塞特。最终，在众神的支持下，他成为埃及的统治者。通过这个传说就可以看出，制作木乃伊在古埃及是多么神圣的一件事。

其实，木乃伊并非古埃及专有，世界各地均有发现。它们俗称干尸，或天然形成，或人工制作而成，并不都像古埃及木乃伊那个样子。不过，世界上确实没有任何一个民族像古埃及人那样狂热地制作木乃伊，数量如此之多，技术如此复杂精湛，起始时间却又如此之早，时间跨度如此之大，跨越千年而不衰，以我们今人的眼光来看，堪称最令人不可思议的一种流行风尚。

据考古发现，木乃伊的制作至少从5 000多年前的埃及第一王朝时期就开始了，直到公元前4世纪，随着古埃及人的希腊化，这种木乃伊制作潮流才逐渐退出历史舞台。据统计，在古埃及3 000年历史上，死后以木乃伊形式埋葬的人大概有7 000，比今天英国或法国的人口总数还要多。

为什么古埃及的人们如此长期热衷于制作木乃伊呢？这源于古埃及人一种独特的生死观。古埃及人相信不灭的灵魂，相信在不远的将来，死者的灵魂会重新回到躯体，在地下开始新的生活。

1953 年，一位名叫埃默里的考古学教授在上古埃及时期的公墓里发现了一座第一王朝时期某位法老的大型陵墓。当他们清理现场时惊奇地发现，在主墓的外面有其他72 座墓，它们排成3 行，里面躺着的是仆人们的尸体，而他们看来是自愿陪同他们的国王进入新世界的，因为在64 具年轻男子和8 具女子尸体上看不出有施暴的痕迹。那么，为什么这72 名仆人自愿让人砌封在坟墓里面死去呢？唯一合理的解释就是，他们持有在天国能获得第二次生命的信念。与此同时，陵墓里除了首饰和金子随葬外，还为仆人们备好了粮食、油和调味品等。更有意思的是，若干年后，当人们打开陵墓，发现这些保存完好的储藏品时，并没有因此而动摇固有的信仰。而是将新的食品和用品放入墓室，采取防盗措施后重新封墓。显然，他们深信死者一定会在遥远的未来复活，而不是立即在天国复活。

为了让灵魂顺利地找到自己的躯体，就一定要使自己的身体免于腐烂。这种信仰使得古埃及人很认真地为死亡做准备，并且非常注意尸体的保存，进而形成一种普遍的社会风气。为了保全尸体，古埃及人不厌其烦地用烦琐的手段处理尸体，最终发明出制作木乃伊的方法。

2. 昂贵的木乃伊

木乃伊历经千年而不朽，寄托了古埃及人追求不朽和永恒的愿望，可是，这种"不朽"和"永恒"也不是所有人都可以做到的。因为木乃伊的制作费用太高了，大大超出了穷人们的支付能力。因此，以木乃伊的形式安葬也成为一种权贵和富人们才能享有的荣耀。

那么，木乃伊究竟贵在哪里？下面让我们透过史料来一探究竟。

知识链接　　　　　　　**希罗多德**

希罗多德（公元前484 – 前425 年），古希腊伟大的历史学家，被誉为"历史之父"。其所著《历史》一书，共9 卷。1～5 卷前第28 章，叙述西亚、北非及希腊诸地区之历史、地理及民族习俗、风土人情。第29 章起，主要叙述波斯人和希腊人在公元前478 年以前数十年间的战争。

早在几千年前，当伟大的希腊历史学家希罗多德（Herodotos）游历到埃及时，就曾目睹了木乃伊的具体制作过程，并用详细的笔触为后人记录下了这种奇异风俗的一切细节。他记载道，如果有人死去，其尸体首先被送到一个被称为"衣部"的地方，专门净化尸体。尸体被苏打水清洗过后，就送到叫"诖拜特"（意为纯洁之地）或"培尔—那非尔"（意为美丽之屋）的地方，完成香料的填充。然后便是木乃伊的制作。制作木乃伊的全过程极为复杂，通常耗时达 70 天之久，其具体步骤为：

（1）用融化的松脂涂在面部，保护面部形象，防止它干燥得太快。

（2）对脑浆进行处理。工匠将凿子从左边鼻孔塞进去，将筛骨捣碎，再用工具在颅脑中转动破坏脑髓，用一根很细小的长柄勺从鼻孔里伸进大脑将脑浆舀出来，最后把一些药物和香料塞进空空的头骨中去。脑浆一般不保存。

（3）取出内脏。胃、肠、肝、肺是在肚皮左侧切口取出的。后用棕油作清洗液，洗净胸腔腹腔。以上器官时而被整齐地包在松脂团里放入木乃伊的腹中，时而分装在有盖小罐里，再将罐放入腹中。小罐从古王国到新王国越来越复杂。开始是些简单的罐盖，中王国时出现有人头形的罐盖。第十八王朝早期，罐盖由神像"荷拉斯的儿子"们守卫着神圣的内脏四器官。但古埃及有忌讳取出心，他们把心看成是智慧的象征，想方设法将其留存在体内。新王国时期的《亡灵书》中就有三个值班人轮流值守心的记载。

（4）脱水。这是很重要的干燥程序。工匠们先填进用布包的泡碱和其他临时填充物，然后把尸体置于干燥的泡碱粉里约 40 天，待吸干了水分后，取出里面的填充物，改放用碾碎的没药、桂皮、泡碱、锯末等填充的布包，最后细心地缝上切口，贴上一块画有荷鲁斯眼睛的皮，因为古埃及人相信这种皮有强大的愈合力和保护力。

（5）化妆整形，木乃伊的皮肤为了保持其柔软性，于是选择性地涂上牛奶、葡萄酒、香料、蜂蜡、松脂和柏油混合物，给皮肤美容。木乃伊的眼睛则用亚麻和石头填上，非常生动、形象。干尸上最后涂一层松脂防潮，化妆师还在木乃伊的面颊上扑上一层胭脂红，头上戴好编辫的假发套，穿好衣服，配上最好的珠宝。

（6）包裹。埃及人认为包扎尸体是充满险恶的，于是就以祷告伴随整个包裹过程（一般为 15 天）。包扎尸体的手每动一下，就伴有一次庄严的祈祷或神奇的符咒，同时把护身条符放在亚麻绷带间。他们很重视将其放在心脏位置处，而护身符一般都用绿色石头做成圣甲虫或人心的形状，上面刻着"保持死者的心，使它不产生危害主人的东西"之类的词句。其他的护身符则紧贴放在木乃伊身体上，或裹进亚麻布里。

（7）木乃伊迎接他的"卡"，时间一般为 70 天。之后，阿努比斯神灵就秘密地把木乃伊送还他的家人，等待下葬。

从上述烦琐的流程来看，木乃伊制作过程中花费的确不少，除需要各种药品、香料、避邪物、护身符等物品外，仅包裹一个尸体，有时就要用 1 000 多米的优质亚麻布。其不菲的费用令穷人们望而却步，但也不能阻止他们追求不朽的梦想。不过，穷人们的木乃伊制作就简单草率了许多，这在希罗多德的著作中均有记载。这些相对便宜的方法虽然很难保证尸体的完好，但多少也可以给穷人一些心灵上的安慰。而且，也许还是这些便宜的方法，才使制作木乃伊的传统在埃及得以传播和延续。

3. 形形色色的动物木乃伊

古埃及人不仅制作人体木乃伊，甚至曾大批量地制作动物木乃伊。考古发现证实，他们制作的动物木乃伊种类繁多，古埃及人生活中常见到的鳄鱼、鹰、猴子、牛、马、狗、猫、鸟类等均被制作成木乃伊，而且数量大得惊人。据说在萨卡拉发现的一个动物墓穴里面就有 400 万只的朱鹭木乃伊，每一只都分别放在一个瓮里妥善保存！

为什么古埃及人如此不遗余力地制作动物木乃伊呢？他们让动物们

不朽的目的何在呢？

其实，有些动物被制成木乃伊是为了在死后的永恒中为逝者做伴用的，说到底就是做死者永恒的宠物。自公元前2950年左右起，第一王朝的国王在阿比多斯坟墓中就开始埋入了狗、狮子和驴为伴。2 500年后，第三十王朝时期，阿比多斯一个叫哈皮·曼（音译）的平民也将自己的小狗缠住脚，和自己一起葬入墓中。

除了给死者做伴外，另外一些动物木乃伊是祭奠死者用的，也就是为死者准备的食物。又被人们称为"食物木乃伊"，意味着死者生生世世都可以享用它们。

除了做死者的宠物和食物外，还有些动物被制成木乃伊，是因为它们被视作某位神灵的化身。在古埃及神话中：猫是女神巴斯彻特的化身，是妇女保护神；公牛被认为是司阴府之神的化身；猎鹰是太阳神荷鲁斯的化身；朱鹭是月神透特的化身；鳄鱼是索贝克神的化身……大约公元前664年左右，古埃及第二十六王朝时期，用木乃伊献祭开始广泛流行，动物木乃伊产业繁荣起来，出现了大批专业的雇佣工人。人们养育动物，照管它们长大，然后宰杀、制作木乃伊。那时候，宠物、食物、死者、宗教几乎涵盖了古埃及人日常生活中关心的所有事情。如果一只神圣的动物被做成了木乃伊并且被正式地献给某神，这就标志着有人对一个神殿进行了一次朝圣。这个人将为一只以自己的名义献身的动物支付一定的钱，然后牧师会将它们安葬在一个很大的墓地里。考古发现，光是猫、鸟和其他在神殿中被赋予了神性的动物木乃伊就有数百万只。

动物木乃伊的数量如此巨大，以至于埃及人的后代和一些欧洲人把随处可见的动物木乃伊的遗体作为化肥，甚至曾有超过30万具的猫木乃伊被送到英国利物浦做成肥料。

既然动物木乃伊数量如此巨大，那么它们的制作会不会很粗糙呢？答案并非如此。实际上，新的研究发现，古埃及人制作得动物木乃伊毫不逊色于人体木乃伊。它们的制作水平相当高，制作的也很精美，比如古埃及人信奉为神的化身的公牛，它的木乃伊制作是一个相当严肃的仪式化的过程，毫不逊色于一个重要人物的木乃伊制作过程。

4. 不朽梦的破灭——木乃伊身后的故事

为了追求不朽和来世的永恒，古埃及人制造了足以和一个国家人口数量匹敌的木乃伊，而拥有绝对权力的法老们甚至为永恒的来世修建了许许多多蔚为壮观的金字塔，古埃及人几乎所有的聪明才智、人力、物力都用在君王陵墓的修建上。而且，每一个埃及法老死后，都要把奥西里斯的神话表演一番。先是举行寻尸仪式。接着是洁身仪式，用 70 天时间打造经久不腐的木乃伊。然后诵念咒法，为木乃伊开眼、开鼻、开耳、开口，把食物塞进它的嘴里。据说，这样就能像活人一样呼吸、说话、吃饭了。最后举行埋葬仪式，把木乃伊装入石棺，送进他们生前为自己经营的"永恒住所"里去。

不幸的是，那数以千万计的木乃伊不仅没有复活，还惨遭后人亵渎和破坏。据历史记载，在法老统治埃及的漫长时期内，只要稍微埋了些值钱东西的坟墓，几乎都遭受了盗墓人的劫掠。这些盗墓人对死者完全没有宗教上的惧讳，不但打开棺椁，还把木乃伊裹布撕开，将藏在层层裹布中值钱的东西拿走。这些饱受亵渎、弃置一旁的尸体最后虽然由祭司重新包裹，但是不得其法。从外表看来好像保存得还不错，其实不少木乃伊经 X 射线透视照相，往往显示裹布里面尽是一块一块碎布和七零八落的骸骨。更不可思议的是，中世纪时，数不清的木乃伊被破坏，迷信的基督徒认为木乃伊粉末具备一种魔力，有的人因惧怕而将其损坏，有的人则宣称木乃伊能包治百病，以至于当时上流社会居然兴起一股木乃伊热，他们将其研磨成粉末，搭配上好红酒，优雅地吞下肚里去。而一些黑心商人从中看到商机，居然干起了偷盗尸体的买卖，仿制出一具具号称来自埃及的木乃伊，然后高价卖给不识货的人赚取暴利。

近代以来，对木乃伊的破坏并没有停止。盗墓贼热衷于发掘财宝和纪念章，往往将木乃伊身上的东西洗劫一空后将之抛掷在荒郊野外。而早期工业革命时，木乃伊的绷带被当作制作纸张的原料，木乃伊本身居然曾被当作燃料、原木而烧掉。那些木乃伊如果死后有灵，不知又会做何感想？

二

古罗马角斗：流行 700 多年的死亡游戏

意大利，罗马。一座巨大的椭圆形建筑在落日的余晖中尽显磅礴之气，散发出神秘诱人的光芒……这就是古罗马建筑中最杰出的代表作——圆形竞技场（也称罗马斗兽场）。然而对于兴致勃勃的游客而言，恐怕很少有人想过，在历史上，由于罗马帝国曾长期盛行角斗表演，结果有无数生命在这里被撕成碎片。甚至有历史学家感慨道，只要你在角斗台上随便抓一把泥土，放在手中一捏，就可以看到印在掌上的斑斑血迹！

不可思议指数：★★★★★

1. 来源于葬礼上的娱乐表演

在古罗马长达千余年的历史上，角斗曾经是盛行了700多年的一项娱乐风尚。它主要包括人与人之间的角斗表演、对俘虏处以戏剧性的死刑表演，以及人与兽搏斗或兽与兽之间的厮杀表演。这三种不同的娱乐形式汇聚一起，几乎成了古罗马帝国的第一娱乐项目。

那么，古罗马人为什么对角斗如此的狂热呢？这得从他们的邻居埃特鲁斯坎人（Etruscans）说起。据说，埃特鲁斯坎人在为死去的英雄举行葬礼时，为了向他们表示致敬，会挑选一些斗士互相殊死搏杀，死者由戴着死神面具的奴隶拖出角斗场。当罗马人征服周边民族后，他们很快就接受了埃特鲁斯坎人这种蒙昧的习俗，将角斗这种充满血腥的宗教仪式视为神圣、勇敢的行为。最初，古罗马人只是在葬礼上举行这种血腥演出，那时候的角斗还不具备表演和娱乐性质。由于角斗士所展示的勇气和技艺正是士兵所应具备的品质，这样的表演在以军事征服为传统的罗马很快流行起来，角斗士的训练方式甚至也融入了正规的军事训练之中。起初，角斗还仅限于人与人之间的拳斗，后来逐渐发展成为人与老虎、狮子、熊、豹、野牛等猛兽的肉搏；到了后来，为了寻求更大的刺激，罗马人有了真正的角斗士：两个斗士手里拿着利剑或三叉戟、盾牌或网套，相互刺杀。

知识链接　　　　　　　　埃特鲁斯坎人

埃特鲁斯坎人，公元前 9 世纪出现于意大利半岛上的民族，一般认为他们来自东方的安纳托利亚。埃特鲁斯坎人拥有组织严密的军队，一度统治包括罗马人在内的周边民族，其文化对罗马人产生了重要影响。公元前 6 世纪，埃特鲁斯坎人的社会繁荣达到了高峰。公元前 4 世纪，随着克尔特入侵意大利北部，以及南部罗马人的迅速崛起，埃特鲁斯坎人逐渐走向衰落。

随着罗马人对角斗的狂热，国家不但承认其合法性，甚至专门为它发布了规则，而以各种名义举办的角斗比赛也大量增加，以至于首都罗马以外的小城市几乎都建起了露天竞技场，有钱的市民还经常举办私人赛会。这种风尚是如此流行，以至于一位名叫马提雅尔的作家如此嘲讽说：

有个城市，鞋匠举办了一次赛会，

漂洗工也来办，紧接着是客店老板！

然而，狂热的罗马人还是感觉不够刺激，竟将真实的战场——模拟海战搬到了游戏场上。第一个盛大的海战表演出现在著名的军事统帅凯撒执政期间，当时，古罗马人在市郊专门挖出了一个盆地，然后灌水举行海战表演。后来，古罗马帝国第一任皇帝奥古斯都屋大维都为了庆祝"复仇战神"神殿的落成典礼，在一个长 1 800 英尺、宽 1 200 英尺的人工湖上，用 3 000 战士重演了一次古希腊历史上著名的"萨拉米斯海战"（Battle of Salamis）。到了克劳狄皇帝（Emperor Claudius，公元 41 – 54 年在位）时期，为庆祝"福西恩隧道"的完工，动用了 1.9 万人，做了一次古希腊式的 3 层桨与 4 层桨战船的战斗。在"圣提多竞技场"落成时，曾把整个竞技场灌水,重现了一次曾引起"伯罗奔尼撒战争"(Peloponnesian War)的科林斯人对科尔西拉的战斗场面。表演这些战役中的斗士,不是往日战俘就是已被定罪的犯人。他们互相残杀,直到有一方被杀戮干净为止;如果他们斩杀英勇,胜利者便能得到自由。

知 识 链 接　　　　　　　　**萨拉米斯海战**

　　萨拉米斯海战是希波战争的一部分,也是希波战争中最重要的一场大战。发生在公元前480年。在希波战争中,波斯军长驱直入希腊直扑雅典城。雅典海军统帅提米斯托克利建议所有的妇女儿童都坐船到亚哥斯的特洛辛和本国的萨拉米斯岛上去躲避,所有的男人都乘着战船,集中到萨拉米海湾。本来希腊海军只有战船358艘,而波斯庞大的海军拥有1207艘战船。但在战役中,背水一战的希腊海军利用其优势一举击败了波斯海军。从此之后,希腊开始由防守转为进攻,终于把波斯军队赶出了希腊本土。

知 识 链 接　　　　　　　　**伯罗奔尼撒战争**

　　伯罗奔尼撒战争发生在公元前431年—公元前404年,是一场以雅典为首的提洛同盟和以斯巴达为首的伯罗奔尼撒联盟之间的争霸战争。几乎所有的希腊城邦都卷入了这场战争,几乎当时的整个希腊世界都成为战场。因此也有人称这场战争为古代的世界大战。这场战争使得斯巴达称霸于全希腊,宣告了雅典经典时代和希腊民主时代的结束,强烈地改变了希腊国家的政治格局。

　　共和国末期,罗马那些手握重兵的军事统帅如庞培和凯撒等为了更有效地炫耀战功、威慑对手、笼络下层,纷纷将凯旋游行与舞台节目、马车比赛、角斗士对决、人兽搏斗、集体处决、模拟战斗等项目结合起来,创造出了一种极其"壮观"的全民娱乐方式,其核心内容包括三项最血腥的表演:上午是人兽搏斗,中午是集体处决,下午是角斗士对决。到了帝国时代,竞技庆典则完全纳入了统治机制之中。历代罗马皇帝都把庆典作为与前代统治者攀比的主要内容,庆典的规模因此急剧膨胀。

2. 斗兽场上的疯狂杀戮

下面就让我们回到古罗马时代的竞技场，体验一下那种可怕的疯狂吧。

竞技场中最简单的节目是外国兽类展览，但更多的则是用它们来彼此争斗，或与人斗，或被人们用箭或标枪猎杀而死。在尼禄时代的一次角斗中，一天就有400只老虎与公牛或大象搏斗；而在卡利古拉时代的一次角斗中，一天之内也曾杀害了400只熊，克劳狄皇帝则曾命令约一个师的禁卫军与豹搏斗。假使动物不愿拼命，它们会被鞭子、匕首及烫烙铁打磨而被迫出战。

在竞技场中与野兽搏斗的，通常是被定了罪的犯人。为了满足观众的需求，他们有时被迫穿上皮衣模仿动物，专门投给野兽狼吞虎咽。同时，被定罪的人有时必须实际扮演一些历史上著名的悲剧人物，像那些悲剧人物一样死去：譬如扮演古希腊著名的女巫美狄亚（Medea）的对手，穿上一套转瞬间便燃成火团的袍子，把自己烧光；或者扮演古希腊大力神赫拉克勒斯（Heracles）的样子，在火葬堆上被活活烧死；又或者扮演成阿提斯的样子，被公然阉割……据说曾有一位不幸的人，打扮成俄狄浦斯（Oedipus），他带着七弦琴被送进竞技场，骤然间，饥饿的动物从山林深处狂奔而出，把他撕得粉碎。另有一名抢劫犯，居然被挂上十字架，然后被熊一块一块地将肉吃掉。

知识链接
美狄亚

美狄亚，古希腊神话中科奇斯岛的公主，太阳神赫利俄斯的后裔。她与来到岛上寻找金羊毛的伊阿宋王子一见钟情，在用巫术帮助伊阿宋夺得了金羊毛后，美狄亚又用计帮伊阿宋夺回了王位。后来伊阿宋移情别恋，美狄亚由爱生恨，杀死了伊阿宋的新欢和自己的两个亲生儿子，离开了伊阿宋。

知识链接　　　　　　　　　　赫拉克勒斯

　　赫拉克勒斯，又名海格力斯，是希腊神话中最伟大的英雄，为宙斯与阿尔克墨涅之子。他力大无穷，神勇无比，传说他8个月大时就扼死了天后赫拉派去毒杀他的两条毒蛇。长大后，赫拉克勒斯完成了12项壮举，被升为武仙座。此外，他还参加了阿尔果斯远征，帮助伊阿宋觅取了金羊毛，解救了普罗米修斯。在现代语中，"赫拉克勒斯"一词已经成为大力士的同义词。

知识链接　　　　　　　　　　阿提斯

　　阿提斯，土耳其神话中的美男子，大地女神丘贝雷的儿子及情人。由于阿提斯对女神丘贝雷的示爱反应冷淡，甚至准备和别人结婚。因此，被丘贝雷女神诅咒而发狂。发狂后的阿提斯在自我阉割后死去。

知识链接　　　　　　　　　　俄狄浦斯

　　俄狄浦斯是古希腊神话中底比斯国王拉伊俄斯的儿子，因神谕说他将来会杀父娶母，被国王遗弃。结果长大成人后，俄狄浦斯果然误打误撞杀了自己的亲生父亲，并在不知情的情况下娶了自己的亲生母亲。知道真相后，俄狄浦斯的母亲上吊自杀，俄狄浦斯戳瞎了自己的双眼，从此走上了自我放逐之路。

　　当然，观众们最欢迎的节目还是人与人之间的武装战斗，包括二人决斗或集体决斗。通常，参加比赛的人都是战俘、死刑犯人或不服从的奴隶。罗马人认为，既然胜利者有屠杀他们掳获的囚犯的权利，那么在竞技场上给俘虏一个求生的机会就算是他们的慷慨。罪犯从事角斗士这一行，仅限于杀人犯、抢劫犯、纵火罪犯、渎圣罪犯和叛变罪犯，但有时为了应付皇室的需求，而竞技场又恰逢缺人时，也会逾越这些限制。也有人因为观众的喝彩挺身而出，志愿担任角斗士。在冒险犯难的引诱之下，有不少人投入角斗士学校（早在公元前105

年，罗马就已经有了这种学校）训练。那里的训练和纪律都很严酷，违反规定的便受鞭笞、烙印及用锁链囚禁的惩罚，很多角斗士由于不堪忍受而自寻短见。

在比赛前夕，角斗士一般都有一餐丰盛的宴会。第二天早晨，他们穿上节日服装走进竞技场，从头到尾整队而行。通常他们都配有矛、剑、刀，戴上钢盔、盾牌、防肩板、护胸板与胫甲。除了在战车上交战或与兽类搏斗以外，角斗士们主要从事单人、双人或成组决斗。如果单打的受了重伤，竞技的筹备人便问观众的意愿，观众若竖起大拇指或者摇动手帕，就表示仁慈，做宽大的处置；若把大拇指往下伸，则表示胜利者可以立刻去杀死战败者。任何背叛公意贪生怕死的斗士，都会引起人们的憎恶，并用烫烙铁刺激他的勇气。集体搏斗更是有成百上千人的生死斗。在奥古斯都屋大维举办的一次八项竞赛中，有一万人参加这种大规模的战斗。疯狂的观众们用尖棍棒刺失败者，看他们是否装死，若是装死的，他们便用木锤击他们的头。另一些参加的人打扮成为信使神，用钩子把尸体拉出场外，同时有专门的奴隶用锹把染了血的地面铲起来，为下一个送死的人铺上新鲜的沙土。

可以毫不夸张地说，在古罗马，几乎每个人骨子里都是天生的施虐狂。数百年间，出现在角斗场上的罗马普通观众，包括各阶层的人，甚至包括独身的修女，都以观看临终的痛苦为乐。为了弥补人数不足，他们竟连未成年的罪犯和奴隶也不放过。在这种施虐乐趣的驱使下，无数生命被活活折磨至死。他们不仅在庆祝活动中和露天圆形剧场上欣赏角斗，而且在宴会时也举行角斗表演。客人们酒足饭饱之后，常常把决斗的人召来。当一人被砍倒时，大家便高兴地鼓掌。那些战死在竞技场上的角斗士大多平均年龄只有 18 ~ 25 岁。根据研究者们的估计，大约有 70 万人在罗马斗兽场中丧生。所有这些人都是在众目睽睽之下死去的，他们的尸体通过罗马帝国最宏伟角斗场的大门被抬出去，而唯一的目的只是为了让观众开心。

3. 史上最血腥的风尚

随着罗马帝国的扩张与强盛，角斗表演这种死亡游戏日益成为大众日常生活中不可或缺的一部分。更令人不可思议的是，对于当时的罗马人而言，角斗活动是一种高尚的娱乐。小普林尼曾公开赞扬图拉真（Emperor Trajan）皇帝推出了强迫男人"高贵的负伤与蔑视死亡"的场面，就连以雄辩著称的西塞罗也承认，这种娱乐是一种良好的教育，因为它能够培养罗马人那种沉着、勇敢、视死如归的精神，可见当时罗马人对于这种娱乐的认同程度。至于大多数罗马人，更是极力维护斗士竞技活动，其理由如下：牺牲者是因重罪而被判死罪的人，他们所受的痛苦可以当作对别人的警诫，目睹那些注定要处死的人面对创伤及死亡的训练，可以激发人们勇武的美德，经常目睹流血及战斗的景象，使罗马人更适应战争的需要和牺牲。

> **知识链接**
>
> ### 小普林尼
>
> 小普林尼，全名盖尤斯·普林尼·采西利尤斯·塞孔都柄（拉丁语：Gaius Plinius Caecilius Secundus），生于公元 61 年（或公元 62 年），大约公元 113 年逝世，古罗马著名的科学家老普林尼的侄子，罗马帝国元老和作家，他留下的几百封书信成为人们了解当时罗马社会、生活和政治的详细资料。

> **知识链接**
>
> ### 西塞罗
>
> 马库斯·图留斯·西塞罗（Marcus Tullius Cicero，公元前 106 年—公元前 43 年），古罗马著名政治家、演说家、雄辩家、法学家和哲学家。

在那个时代，整个罗马社会都对角斗有着强烈的兴趣。那时候，小孩玩的是假扮角斗士的游戏，年轻人热衷于谈论当地的格斗大明星。一般群众，尤其是妇女，都热烈赞扬著名的角斗士，甚至宫廷贵妇偶尔也有与角斗士偷情的。据说当时曾有人指责皇帝马可·奥儒略（Mark Aurelius，公元161—180年在位）的妻子福斯蒂纳与角斗士私通，而且竟然把她那残暴的儿子康茂德说成是一个角斗士生的。此外，著名的角斗士成了许多诗歌的题材，他们的肖像还被画在灯具、碗碟和花盆上。

正是在角斗刚开始盛行时，罗马人兴建了闻名于世的斗兽场——"科洛塞奥大斗兽场（Colosseo）"。"科洛塞奥"，语出意大利文，为"高大"、"巨大"之意。当年这里是罗马帝国暴君尼禄（Nero）的御花园，由于斗兽场建在一个小湖之中，而湖边还建有高达36米半的尼禄镀金铜像，罗马人叫它巨大金像，斗兽场因此而得名"科洛塞奥"。斗兽场历时8年建成，在建筑史上堪称典范的杰作和奇迹，以庞大、雄伟、壮观著称于世。现在虽只剩下大半个骨架，但气势犹存。斗兽场平面呈椭圆形，占地约2万平方米，外围墙高57米，相当于现代19层楼房的高度。该建筑为4层结构，外部全由大理石包裹，下面3层分别有80个圆拱，其柱形极具特色，第4层则以小窗和壁柱装饰。场中间的角斗台仍为椭圆形，长86米，宽63米，相当于一个足球场那么大。角斗台下是地窖，关押猛兽和角斗士。角斗台周围的看台分为3个区。底层的第一区是皇帝和贵族的座席，第二层为罗马高阶层市民席，第三层则为一般平民席，再往上就是大阳台，供没有席位的一般观众站着观看。整个斗兽场看台可容纳5万多名观众，底层地面有80个消防通道，可确保在意外情况下15~30分钟也能把场内5万观众全部疏散离场。

公元80年，科洛塞奥斗兽场工程竣工之时，举行了为期100天的庆祝典礼。在这漫长的100天中，古罗马统治者组织、驱使了5 000头猛兽与3 000名奴隶、战俘、罪犯上场"表演"，直到所有这些人和猛兽都自相残杀、同归于尽为止。以至于有人说，只要你在角斗台上随便抓一把泥土，放在手中一捏，就可以看到印在掌上的斑斑血迹。

罗马斗兽场

罗马斗兽场，即我们今天所熟知的罗马竞技场（Colosseo），又译作罗马大角斗场、罗马圆形斗兽场、科洛西姆、哥罗塞姆，原名弗莱文圆形剧场（拉丁文：Anfiteatro Flavio/Amphitheatrvm Falvvm），位于今天的意大利罗马市中心，是古罗马时期最大的圆形角斗场，建于公元 72~82 年，现仅存遗迹。这里曾经是古罗马举行人兽表演的地方，参加的角斗士要与一只牲畜搏斗直到一方死亡为止，也有人与人之间的搏斗。现如今，意大利的古罗马竞技场和中国的万里长城、约旦的佩特拉古城、巴西里约热内卢基督像、秘鲁的马丘比丘、墨西哥的奇琴伊察金字塔，以及印度的泰姬玛哈陵一起，经由全球 1 亿民众网络投票选举，成为新世界七大奇景。

值得庆幸的是，基督教在罗马帝国占据统治地位后，角斗的风尚逐渐消散。由于基督徒极端憎恶角斗活动，第一个受洗入教的罗马皇帝君士坦丁大帝于公元 325 年下令禁止角斗比赛。但直到公元 403 年以后，罗马的圆形竞技场才不再举行角斗。而在如今的罗马城，装扮成角斗士的罗马当地人还常常出现在这个圆形大剧场的废墟周围，供游客们拍照，从中赚取高额的费用。

4. 血腥背后的一面

有趣的是，根据现代学者的研究，尽管古罗马竞技场上的角斗场面是血腥残忍的，但有充分的证据表明，古罗马的角斗士在角斗的过程中遵循着一整套严格的规则，角斗双方并非不择手段地要将对手置于死地。

1993 年，在土耳其一个叫以弗所的地方出土了 70 多具古罗马角斗士的遗骨，那里曾经是罗马帝国一个重要的贸易城市，经过鉴定墓地的年代可以追溯到公元 2 世纪。奥地利考古学会的人类学家费边·坎兹和法医学家卡尔·格罗斯米特利用特殊的 X 射线扫描和精微分析技术对角斗士的死因进行了研究。浓厚的兴趣让两位考古者不断地有新的研究成果，他们对其中的 10 具遗骨进行分析后发现，角斗士的头骨上完全没有重复受损的伤痕。坎兹博士表示，这表明在角斗时和角斗后都有一套严格的行为规则需要遵守，在竞技场上没有野蛮的暴力摧残。在角斗士一对一的对抗中，每一名角斗士只能使用一种武器，而且不能从身后突袭对方。同时，角斗士遗骨绝大多数伤口都表现出非常好的愈合迹象，法医学家格罗斯米特研究后表示，这说明角斗士在受伤的时候能得到很好的医疗。当一个失败者身负重伤、濒临死亡的时候，会被送出角斗场，在后台由行刑人用铁锤将其打死，在被击中头部后很快就会死亡，痛苦要比后人想象的小。坎兹博士表示，一场真实的角斗更多的是展示各自的战斗技能，而并非你死我活的决斗。这也印证了史料的记载，两个勇敢的角斗士如果上演了一场精彩的角斗，他们通常都会活着走出竞技场。

美国迈阿密大学的考古学家史蒂夫·塔克对角斗规则有着深入的研究，他对 158 幅描述古罗马角斗士的雕刻画考证后表示，古罗马每场角斗分三个评估阶段。第一阶段是初步接触，两名角斗士必须灵活地移动双脚，充分挥动武器，完成一击。第二阶段则从其中一名角斗士受伤或者处于下风时开始，这时主要看角斗士如何后退，拉开自己与对手之间的距离。第三阶段到来后，角斗士会扔开自己手上的盾，开始进行徒手搏斗。只有在三个阶段都表现突出的角斗士才能成为优胜者。总之，古罗马角斗所展示的是"不流血胜出"的艺术。遗憾的是，至目前为止，学术界对古罗马竞技场上的具体规则仍然知之甚少。

三

公共浴场：古罗马的香艳之风

"沐浴、饮酒、恋爱，确实损害人的健康，但却使人生快乐。"在一处古罗马时期的墓地中，一块残缺的墓碑上刻着这样一段话。看到这样创意十足的墓志铭，后人不禁会浮想联翩，浪漫的思绪也随即穿越千年的历史时空，飘到那充满香艳气息的罗马帝国。是的，在西方历史上最强盛的帝国，罗马的子民们曾是如此的快乐。尤其是在进入公共浴池后，迎接他们的将是人生当中最享受的快乐。由此，人类文明史上最令人嫉妒的社会风尚弥漫了数百年的时间。

不可思议指数：★★★★★

1. 罗马人恋上了沐浴

话说公元前 1 世纪末期，罗马人经过好几百年的对外征服与拼杀，终于使地中海变成了自己的内陆湖，周边地区无不恭恭敬敬地臣服于这个帝国的统治。与此同时，从世界各地搜刮来的财富和奴隶源源不断地流入意大利半岛。这时的罗马帝国，就如一个骤然暴富的孩子，面对眼前的无数诱惑，很快就将祖先的传统美德抛到了九霄云外，转而摩拳擦掌，准备享受这一道道饕餮盛宴了。

在建立帝国之前，罗马人其实是一个非常节俭的民族，他们鄙视物质享受，勤于劳作，乐于奉献，勇于牺牲。即使那些身居高位的领导人，住的也是破房子，吃的是粗茶淡饭。但随着帝国空前的扩张，许多罗马公民都成了拥有巨大财富和奴隶的主人，大批贵族随即涌现出来，而宫廷、饮宴、金钱、奢华也开始悄悄改变着罗马人的生活态度和社会风尚。一般而言，帝王、贵族和富人追求奢侈享受并不足为奇，因为这也是他们最大的本事。但如果普通公民也沾染这种恶习，那就多少有点不正常了。令人不解的是，当时的普通罗马人不约而同地开始向有钱人看齐，终于使得整个帝国奢侈享乐之风大盛。而在人们尽情追求享受的过程中，有一个节目得到了畸形的发展，这便是沐浴。不过这里所说的沐浴可不同于我们今天所理解的洗澡那么简单，因为在当时它已成为了罗马人享受人生的一种独特方式。他们沐浴可不是为了去除身上的污垢或者消除疲劳，而纯粹是一种消磨生命的风尚。

后世的研究者指出，在古代世界内，除了古埃及人以外，恐怕再也找不出第二个民族像罗马人那样热衷于沐浴了。更奇特的是，他们认为在众目睽睽下沐浴要比私下独浴好。他们随身携带手帕用来擦汗，用牙粉和牙膏刷牙。在罗马共和国初期，人们一般每 8 天才沐浴一次，而帝国时期则必须每天洗澡，否则会遭到嘲讽，因为即使乡下人也天天沐浴。文献表明，大多数罗马人的家庭里都有浴缸，而富有之家则有浴室套房，房内闪耀着大理石、玻璃银质的装饰及水龙头。不过对于大多数罗马公民来说，他们似乎更喜欢到公共浴室里凑热闹。

据考证，古罗马的浴场最初可能由神庙和城市附近的温泉浴池转化而来。在早期，公共浴室只有一两个温泉浴池，由于要经得住水气侵蚀，故而一开始便采用砖石结构，多以圆形为主，屋顶也多用穹窿圆顶，这种公共浴室或澡堂一般都是私立的，面积不大。公元前 25 年，罗马执政官阿格里帕设计并建造出第一个温泉浴场，从而宣告了古罗马人沐浴黄金时代的来临，也宣告了一个新的公共浴室时代的到来。公元 2 世纪初，叙利亚建筑师阿波罗多洛斯设计的图拉真浴场确定了当时浴场的基本形制，后代修建的海德瑞恩浴场、卡拉卡拉浴场、戴克里先浴场、君士坦丁浴场等等，均大体仿照图拉真浴场建造。

公元 4 世纪时，仅在罗马城就有 11 个大型豪华浴场，中小型浴室多达 800 个。城中有 13 条供水渠道和 1 350 多个储水池，平均每人每日耗水量达 300 加仑，相当于目前一个四口之家一天的用水量。由于规模宏大的浴场和各种浴室需要大量的水，因此罗马人又建造了举世无双的引水渠，长长的高架石砌输水槽穿山越岭，从远方的河流、湖泊和山泉把水源源不断地引进罗马城，储藏在上百个水库和蓄水池中，再通过供水渠道送到千家万户和大小浴场、浴室，既让市民用上了自来水，又充分保证了公共浴场的供水。这是罗马人超越古人之处，也是罗马人引为骄傲的壮举。

公共浴场一经出现，就受到了罗马人的狂热追捧。这些由国家出资建造、数百名奴隶服务的大澡堂，几乎成了帝国福利最绝妙的象征。为了向公民们表现自己的慷慨和仁慈，包括尼禄、图拉真（Trajan，98～117年在位）、卡拉卡拉（Caracalla，211—217年在位）、戴克里先（Diocletianus，284—305年在位）及君士坦丁（Constantine I，306—337年在位）等君王在内，都纷纷兴建了大型的公共浴场。著名暴君尼禄修建的浴场有1 600个大理石座位，可一次容纳1 600个浴客；而稍后的卡拉卡拉浴场及戴克里先浴场，则可各容纳3 000人。既然属于国家福利事业，公共浴场几乎不需要什么费用。罗马的法律规定，任何市民都可以自由出入这里，而门票也只是象征性的，其他全部开支都由政府来承担。一般情形下，浴场从天亮直到下午1点专为妇女开放，2～8点则是男人的沐浴时间。不过在实际上，大多数君主都准许混合入浴。

进入浴场后，市民通常先到更衣室换衣服，然后到体育馆去打拳、摔脚、跑步、跳高、投铁饼或长矛或玩球，据说他们还喜欢玩一种类似橄榄球的游戏，有时职业球员也会到浴场里专门表演。至于那些身体衰弱的老人，则会去按摩室，让奴隶擦揉掉他们的脂肪。走过浴室间，市民进入浴池——实际上是个暖气室；从温水浴池，再走进热水浴池——热气室；如果他希望更自由地多出点汗，可以进入出汗室，在极热的蒸汽中喘息。然后，他再来个暖水浴，用一种从高卢人那里学来的新玩艺——肥皂冲洗干净，那时的肥皂是用兽脂及山毛榉或榆树灰制成的。热水池中有引来的温泉水，为保持水的温度，在引水管下面生着火炉。从暖室出来后，沐浴者继续到冷浴室洗个冷水浴，他也可以泡在游泳池里。接着让人用油或膏之类的东西擦揉；这些油通常以橄榄制成的，但并不抹掉只是用刮子刮掉，用毛巾擦干，这样便有些油渗到皮肤上，补充被温水浴烫出汗后失去的水分。

知识链接 　　　　　　　　　图拉真

　　图拉真（53—117 年，98—117 年在位），古罗马帝国皇帝，他是从外省贵族位置上爬上皇帝宝座的第一人。图拉真是一位优秀的统帅，同时也是一位颇有行政才能的执政官。他鉴于前朝之失，采取了较有效的措施来缓和各方面的矛盾，因此获得了元老院赠给他的"最佳元首"的称号。

知识链接 　　　　　　　　　戴克里先

　　戴克里先（245—312 年），原名为狄奥克莱斯，罗马帝国皇帝，284—305 年在位。他结束了罗马帝国的第三世纪危机（235—284 年），建立了四帝共治制，使其成为罗马帝国后期的主要政体。其改革使罗马帝国对各境内地区的统治得以存续，最起码在东部地区持续了数个世纪。

知识链接 　　　　　　　　　君士坦丁

　　君士坦丁一世，（Constantinus I Magnus，306—337 年在位），罗马帝国皇帝。他是世界历史上第一位信仰基督教并承认基督教合法地位的皇帝。330 年君士坦丁将罗马帝国的首都从罗马迁到拜占庭，将拜占庭改名为君士坦丁堡。君士坦丁堡作为基督教东正教的中心持续了千年之久，直到君士坦丁堡被信奉伊斯兰教的土耳其帝国攻陷，改名伊斯坦布尔。除了迁都君士坦丁堡外，君士坦丁的一系列改革措施，为欧洲从奴隶社会向封建社会的过渡起到了重要作用，他也被称为西方的"千古一帝"。

　　沐浴的环节还远远没有结束，因为浴后的下午几个小时里，是罗马社会最好的聚会时间。浴场提供有玩骰子和下棋的房间，绘画及雕塑的艺廊，朋友们聚坐谈心的谈论室、图书馆及阅览室，音乐家演奏及诗人朗诵的大厅，或者供哲学家谈天论地的地方。在那里，罗马人可以纵情

谈笑，尽量谈他们所喜爱的街谈巷议，得知一天中的一切新闻。如果他们愿意，还可以在浴场中的餐厅里吃晚饭。

2. "五星级"的浴场谁不爱?

罗马时代的建筑师和皇帝们，似乎对浴场的建设饶有兴趣，在这里尽情显示他们的天才与财富。于是，更高的穹顶和更阔的空间不断开辟出来，顶部和墙壁的装饰也日益琳琅满目，有雕像的廊柱、镶嵌的壁檐、马赛克地面、纹饰泳池、雕花座椅等，富丽堂皇，蔚为美观。更令罗马人自豪的是，当时的帝国已具备了修建豪华浴场及其配套设施的财富和实力，尤其是解决了供水的问题。水道设计的合理、维修的严格，能够始终保证水流的畅通和水质的洁净，随时就地取饮都清冽如山泉。

有了财力和技术保障，公共浴场便逐渐发展成为罗马帝国的代表性建筑了，而且是古罗马建筑中功能、空间组合和建筑技术最复杂的一种类型。罗马共和时期，公共浴场主要包括热水厅、温水厅、冷水厅三部分，较大的浴场还有休息厅、娱乐厅和运动场。浴场地下和墙体内设管道通热空气和烟以取暖。公共浴场很早就采用拱券结构，在拱顶里设取暖管道。罗马帝国时期，大型的皇家浴场又增设图书馆、讲演厅和商店等，附属房间也更多，还有很大的储水池，平面布局渐趋对称。罗马帝国皇家浴场的基本形制为：主体建筑物为长方形，完全对称，纵轴线上是热水厅、温水厅和冷水厅；两侧各有人门、更衣室、按摩室、涂橄榄油和擦肥皂室、蒸汗室等；各厅室按健身、沐浴的一定顺序排列，锅炉间、储藏室和奴隶用房在地下。

据统计，古罗马共有 11 座公共浴场。其中，卡拉卡拉浴场（Terme di Caracalla）无疑是罗马帝国时代最富丽堂皇的一座浴场，它集花园、体育馆和艺术馆于一体，也是古罗马遗留下来的最宏伟、保存得最完好的浴场。堪与卡拉卡拉浴场媲美的当属戴克里先浴场，后者是罗马历史上最具规模也最具艺术性的一座浴场，而负责这座建筑物的人则是马克西米安皇帝（Marcus Aurelius Valerius Maximianus Herculius，约286—约305年在位）。这个浴场完成于公元305年前后，虽然当时的罗马帝国正面临空前的内外危机，但政府仍兴建了这座面积达13公顷，可容纳3000余人的浴场。它的内部装修则后来居上，远远超过了卡拉卡拉公共浴场，装饰有艺术精湛的雕塑和壁画，颇有一种崇高之感。颇具意味的是，戴克里先公共大浴场后来却改建成了教堂，不知人们的灵魂是否能在这里得到净化。

知 识 链 接

卡拉卡拉浴场

卡拉卡拉浴场是公元3世纪初期古罗马帝国的一座皇家浴场，由古罗马皇帝卡拉卡拉（本名为安敦尼努，卡拉卡拉是他的绰号）动议兴建。它占地11公顷，储水槽容量达8万吨。该浴场长375米，宽363米，可容纳1 600人同时享用，为罗马第二大浴场。浴室中设有游泳池、桑拿池和冷水池，周围还设有商店、演讲厅、会议室、休息厅、花园、体育馆、图书馆、健身房，所有室内建筑都配有精致的雕刻和巧夺天工的镶嵌图案。

公元79年，一场可怕的火山爆发吞噬了意大利半岛南端的名城庞贝。多年以后，当人们拨开火山灰，清理出保存完好的古代遗迹时，赫然发现，这座仅有几万人的小城里，居然也有三座大型的公共浴室，而浴室内部的各种陈设，更是向后人昭示了一股追逐享乐的风尚。除此以外，庞贝城还有一些私人的浴室对外开放，规模都很大，可以同时容纳几百人。如同古罗马人建造的所有公共浴室一样，这些浴室也都力求豪华舒适，费用高昂。大理石石块砌成拱形屋顶，磨光的凝灰岩砌成的墙壁，饰有浮雕、壁画、雕像和镶嵌物，配有喷水池、石躺椅等的浴室内部美轮美奂，十分讲究。令人惊奇的是女浴室有专门洗嘴唇的小喷泉。这一切正反映了古罗马人崇尚奢华、追求享乐的社会风气。

对庞贝人热衷于公共浴室洗澡的生活，曾在这里实地考察的学者朱自清曾这样写道："滂卑（今译庞贝）人是会享福的，他们的浴场造得很好。冷热浴蒸汽浴都有；场中存衣柜，每个浴客一个，他们可以舒舒服服地放心洗澡去。场宽阔高大，墙上和圆顶上满是画。屋顶正中开一个大圆窗子，光从这里下来，雨也从这里下来；但他们不在乎雨，场里面反正是湿的。有一处浴场对门便是饭馆，洗完澡就上这儿吃点儿喝点儿，真'美'啊。"

3. 温柔乡泡软了罗马帝国的筋骨

众所周知，作为当时世界上最强大的帝国，古罗马曾经盛极一时。它的疆域横跨欧亚非三大洲，它的建筑宏伟壮观，它的兵团所向披靡，它的国库黄金遍地……然而在经历了数百年的辉煌后，曾经的庞大帝国却很快走向衰亡，最终于 476 年被日耳曼人所灭。细究起来，罗马帝国的衰亡固然有政治、经济乃至军事等方面的原因，但其国民精神的集体颓废也是不可忽视的因素，而罗马人所热衷的沐浴风尚就扮演了重要角色。

在帝国初期，当公共浴场出现后，原本还有较为严格的管理措施，虽然开始准许女性使用浴场，但必须男女分隔开来沐浴。但是随着社会风气的堕落，到以荒淫著称的皇帝尼禄当政时代，竟公然准许男女同池混浴，男女袒胸露背，一个个赤条条相见。尤其是一些妓女也时常混进浴场，这就不可避免地会产生伤风败俗的行为，浴场逐渐成了淫乱的温床，有的甚至成为妓女聚集的场所，浴场里乌烟瘴气。这种丑事百出、声名狼藉的男女混浴实行了五六十年，到了哈德良皇帝时代才明令禁止，但也只是做表面文章。可以说，古罗马人在沐浴方面过分地淫逸放纵是导致古罗马帝国灭亡的原因之一，所以后人在记述男女混浴后这样说："虽然罗马帝国灭亡的原因很多，但骄奢淫逸、道德沦丧亦是一个重要因素。"

事实上，古罗马人的放纵简直到了洪水泛滥的程度。尤其是在帝国后期，公共浴场里男女混杂，夜间也可共浴，浴场因此堕落为淫荡之地。当妓女入浴时，浴场就充斥了猥亵下流的语言与欢笑；甚至连良家妇女也公然在陌生的男人面前由女奴伺候洗身，而毫无羞怯之意；调戏妇女和淫乱的事更是层出不穷了。

当古罗马的男男女女们在公共浴场里尽情享乐时，一种无形的危机正向帝国袭来，这便是人口的锐减。而据学者们考证，古罗马人口锐减的主要原因是大多数罗马男人的性无能和女人的不孕症。导致这种性无能和不孕症的原因大致有三：一是纵酒过度，二是洗澡过度，三是普遍患有慢性铅中毒症。由于古罗马的绝大多数男人每天都要上浴场或澡堂，并在池水中一泡就是半天或一整天。现代研究表明，浴场或澡堂的热水会抑制精子的生长从而影响生育。沉溺于沐浴的罗马男人沐浴过度又欲振无力，把身上所具有的一点男性雄风也洗掉了，真可谓是一大悲剧。另外，由于古罗马城市的供水管道都是用铅制成的，随着时间的流逝，铅逐渐被锈蚀，长期使用这种铅水管的罗马人智力因此下降。所有这一切，终于使得他们在蛮族的侵袭下节节败退，迅速走向衰亡。

四

锁住女人的纯洁：贞操带在欧洲流行300年

在我们东方人的心目中，现代西方世界的性观念是那样的开放，女性的地位也非常高。然而鲜为人知的是，曾经有那么几百年的时间，尤其是在上层社会，欧洲的男人们个个都是小心眼儿、醋坛子。为了防止妻子红杏出墙，他们竟发明了一种带锁的内裤，然后让可怜的女人穿上。只是在需要时，做丈夫的才会拿出钥匙打开锁。也不知出于什么心理，这种变态的枷锁居然在欧洲大为流行，并形成一种奇特的社会风尚。

不可思议指数：★★★★★

1. 文艺复兴时期贵族的变态嗜好

在古希腊伟大的《荷马史诗》中，曾有这样一个神话故事：火神赫斐斯托斯的妻子、神界第一美女阿芙罗狄忒，因性情风流、不甘寂寞，趁丈夫外出之机与小叔子发生了性关系。赫斐斯托斯知道这件事后，虽然明知家丑不可外扬，但为了防止妻子再次红杏出墙，作为铁匠保护神的他便锻造了一件紧身裤给妻子穿上，从而使其无法与丈夫以外的男子性交。而这件紧身裤，便成了后世欧洲贞操带的雏形。

顾名思义，所谓贞操带，就是指强迫妻子为丈夫守贞操的一种器具，其实是专门用来防止女子性交的金属或橡皮带。从15—18世纪，这种东西作为一种奇特的风尚广泛流行于欧洲上层社会，直到19世纪的西班牙还有人在用它。通常来讲，贞操带主要用两块铁片制成，留着通大小便的孔隙，然后采取各种方式锁在女子下身。要想与该女子性交，首先就必须打开锁，取下贞操带。至于钥匙，则由丈夫掌握。因为只有这样，当在丈夫外出时，才可以对妻子"放心"。由于据说贞操带最早诞生于意大利的一些城市，因此后世又称其为"威尼斯带""佛罗伦萨带""意大利带"等。

关于贞操带的起源，许多研究者认为可能是在十字军东征时期（1096—1291 年）。据说，当数十万西欧贵族和骑士远赴东方参加战争时，许多人为了保护妻子免遭强暴，同时也防止妻子对他们的不忠，便发明了由各种材料和工艺制成的贞操带。不过由于没有确切的文字记载，这种说法基本上属于猜测。

到公元 15 世纪，欧洲出现了有关贞操带的直接记载。1405 年 8 月，德国诗人 K. 吉塞尔（Konred Kyeser von Eichst）曾专门写了一些关于贞操带的诗，诗中还记述了生产这种东西的罗马、威尼斯、米兰、贝加莫等意大利城市。为了给读者留下直观的印象，他还画了一张图画并解释说："这是一条佛罗伦萨男人们掌握的沉重铁带，锁闭起来就是这个样子。"而经过历史学家的考证，意大利诸侯弗朗西斯科·卡拉拉二世（Francisco Carrara II）应该是第一位推广贞操带的名人。此人是意大利小诸侯国帕多瓦（Padua）的国王（14 世纪末在位），也是一位声名狼藉的暴君。据记载，他不但到处抢掠和强奸妇女，还规定所有妻妾都得穿上他本人发明的贞操带。据说现在收藏于威尼斯博物馆的一条贞操带，即属于他的王后。呈现在人们面前的这种玩意儿极其变态：它由两块铁片组成，顶端是一圈铁带，可拴在女子的腰间，两块铁片上可供排泄的小孔，其宽度仅容得下一根手指！

自从卡拉拉二世的发明面世后，很快就在无聊的贵族阶层传播开来，乃至成为弥漫于意大利半岛的一股风尚。例如当时一位作家就曾写道："现在，米兰的贵人们都让他们的妻子们带上金银腰带，在肚脐处锁住，带子上只有几个小孔让她们小便。"紧接着，这种源自意大利的风尚又席卷西班牙、法国和德国等地。直到今天，在法国巴黎的克鲁尼（Cluny）博物馆还收藏着不少贞操带，而其中有两条竟分别属于法国国王亨利二世的王后凯瑟琳·德·美第奇（Caterina De Medici）以及路易十三的王后安妮（Anne）。而在慕尼黑、马德里、阿姆斯特丹、伦敦等地的博物馆里，同样收藏有不少 16—17 世纪的贞操带。

知识链接　　　　　　　　　**亨利二世**

　　亨利二世（Henry II，1519—1559 年），法国瓦卢瓦王朝国王（1547—1559 年在位），法兰西斯一世次子，1547 年加冕为法国国王。亨利二世是一个天主教徒，法国国内的新教徒遭到他无情的迫害。1559 年 4 月，他在为女儿的结婚庆典而举行的比武中，被苏格兰卫队长蒙哥马利的短矛刺穿头部，10 天后去世。

知识链接　　　　　　　　　**路易十三**

　　路易十三（Louis XIII，1601—1643 年），法国波旁王朝国王（1610—1643 年在位）。幼年由其母玛丽·德·美第奇摄政。1615 年与西班牙公主安妮结婚。路易十三亲自执政后主要依赖枢机主教黎塞留的辅佐，并开始了法国的专制统治。1643 年 5 月 14 日，因骑马落水引起肺炎去世。

　　令人费解的是，虽然贞操带显然是一种有损人格尊严的枷锁，但它却在 16—17 世纪成为欧洲贵族阶层追逐的时尚。而在众多贵族妇女的眼中，这玩意儿简直就是一种难得的奢侈品。为了使自己与众不同，她们不惜花费金钱，争先定做更精致、更名贵的贞操带。例如，有的贞操带中间的那两片甚至有用象牙或银质的，上面还雕刻有各种细巧的花纹；而在最上面的那一圈长带子上，有的人还定制了好几把精致的小银锁。除了在材料上下工夫，有的贞操带上甚至图文并茂。例如一条来自德国的贞操带，正面护盾上部雕刻着一名裸体妇人，一只狐狸挺着尾巴正准备从其腹下钻过去，而夫人则用左手抓住尾巴，图画下面还配着文字："抓住了，小狐狸！我抓住了你。你总是从这里走过去！"在贞操带所开缝隙的左边，刻画着一名手持长斧的卫兵，右边卷花图案。而在背面护盾的上端，则雕刻有一女子坐在一男子腿上的画面。这样一条贞操带简直就是一件精美的艺术品，只可惜却被套在了女人的下身。

由于这股风尚的影响，不但王公贵族们喜欢给他们的女人定做贞操带，就连一些较为富有的商人也开始赶时髦了。文艺复兴时期的一位意大利作家就曾记载说："法王亨利二世时期，一个商人把一打贞操带运到圣日耳曼区的集市上。这器具是铁制的，从下面套到腰部再锁上。带子做得十分精巧，足以让女人无法领略爱的乐趣，因为带上只有几个小孔供她小便。"而16世纪法国大作家拉伯雷（Rabelais）也曾这样转述一位富商的话："当我出门前，一定先帮妻子锁上贝加莫式的锁。不这么做，倒不如让她被没有白眼珠的恶魔抢走得干脆。"可以说，当时但凡有些身份的人，都对贞操带极为热衷，并普遍将其与女人的品德联系起来。据说有一位年轻男子向某大户人家的女子求婚时，女孩的母亲就颇为得意地宣称自己的女儿从12岁就戴上了贞操带，此后就日夜不离身，这番回答自然使年轻人大为满意。在这种风尚的影响下，当时的人们在举行婚礼后，第二天一大早，新郎往往会送给新娘一条贞操带作为礼物。最让人好笑的是，在这股风尚最鼎盛的时期，就连一些修道院里的修女也穿上了贞操带。

知识链接　　　　　　　　**拉伯雷**

弗朗索瓦·拉伯雷（Francois Rabelais，约1493—1553年），法国文艺复兴时代的伟大作家，人文主义的代表。代表作《巨人传》开创了法国长篇小说的先河，出版后风靡一时，两个月内的销售数额超过了《圣经》九年销售数的总和。1 000多年来，它用各种文字出了200多个版本！在我国就有好多个版本。而《拉伯雷全集》在18世纪以前竟然印刷了18版，对后来法国和一些英国作家都有很大的影响，拉伯雷的遣词造句讲究声韵协调，善于利用各种修辞手段，为中古法语的发展做出很大的贡献。1953年，拉伯雷与中国的屈原、波兰的哥白尼、西班牙的何塞·马蒂一起被世界和平理事会列为世界四大文化名人。

2. 五花八门的戴锁"内裤"

当然，贞操带之所以在文艺复兴时期出现并盛行起来，也与当时的社会风气有着密切联系。那个年代，人们好不容易从中世纪的精神禁锢中解放出来，除了文艺、学术得到巨大发展外，性观念也较为开放。最终，为了防止自己的妻子滑向堕落的深渊，男人们便发明了这种特殊的"钢铁卫士"。但是从实际效果看，贞操带真就能保证妇女为丈夫"守贞"吗？具有讽刺意味的是，大量流传下来的故事表明，所谓的贞操带其实只是男人用来自欺欺人的玩意儿。因为那个年代锁的质量是很差的，如果无意守贞，女人找锁匠开锁是很容易的。而真实的情况则是，当丈夫不在身边时，许多贵族妇女便用钱买通锁匠，自己配置一把贞操带的钥匙，然后就可以开锁和情人幽会。因此有一段时间，所谓的"让渡钥匙"一直是欧洲讽刺剧及讽刺画讥刺的题材之一。例如在德国民间的一幅铜版画中，描述的是一个穿着贞操带的女人和一个男人，女人一只手伸向男子，另一只手握着钱袋做恳求状，这男子手持钥匙，估计是个锁匠，另外还有一名女仆在翻弄衣服。在画面旁边还配有一段话，大意是："没有锁能锁住狡猾的妇人，没有爱情就没有妇女的忠贞；为了这缘故，我用你的钱买我所没有的钥匙。"德国文艺复兴时代的版画家丢勒（Dürer）也曾创作过这样一幅作品，描绘的是一个人骄傲地说："我有贞操带的钥匙，穿着贞操带的美丽贵妇人会欣然用大把的钱购买钥匙，而这些钱是从她丈夫钱袋里掏出来的。"

有关这类情形，历史最著名的一个故事是关于法国国王法兰西斯一世的。据说这位国王原本垂涎一名美丽的男爵夫人，便趁男爵领兵外出打仗时向其求欢。可是一条贞操带挡住了国王的欢乐之路，情急之下，他从意大利请了最好的锁匠，严令其只许成功不许失败。最终，手艺高超的锁匠果然不负使命，把锁打开了，并获重赏，还秘密地打了一把金钥匙，以备国王不时之需。正如中国古代的小脚一样，欧洲的贞操带也是一种男权社会摧残妇女的野蛮手段，而其目的无非就是强迫妇女为男子恪守贞操，实际上是中世纪宗教禁欲主义与男性占有欲的产物。问题是，丈夫能锁住妻子的下身，可是丈夫的下身有谁来锁呢？当他们在外面风流快活时，妻子却正在遭受贞操带的折磨，痛苦不堪，精神也受到很大摧残。

最初，由于材料和工艺都很落后，贞操带穿起来非常不舒适，并且会伤害皮肤，常使被锁女子的阴部、腰、臀溃烂，软组织病变，并进一步伤害整个身体。在19世纪之前，大多数贞操带通常由一条金属腰带和一条纵向的、穿过胯下而盖住阴部的金属带相连接而成。在两条金属带的连接处上锁，或者两条金属带正前面的连接是固定的，锁设计在腰带的一侧或两侧。一旦锁上，纵向金属带朝胯下弯曲，整个贞操带无法移动，便制止了性行为的发生。

知识链接

法兰西斯一世

法兰西斯一世（Francis I，1494～1547年），又译作弗朗索瓦一世。法国历史上最著名也最受爱戴的国王（1515—1547年在位）之一，被视为开明的君主，是多情的男子和文艺的庇护者，法国第一位文艺复兴式的君主。在他统治时期，法国繁荣的文化达到了一个高潮。

贞操带还分为单式和整体式两类。单式的正前面有一条金属带盖住阴道，上面开有纵向的细长小孔，以供排泄；金属带下端连接的两条链子，穿过胯下后分别朝向左右上方，再连接到腰带背面的两侧固定住。整体式的正前面的金属带延伸，穿过胯下（通常在转折处使用合页），盖住肛门，上面开有供排泄的圆形洞口；然后金属带朝上延伸至腰带背面正中位置，在那里有一把锁连接，锁在正前面与腰带的连接处。最不可思议的是，据说还有一种更直截了当的贞操带，即把前胸后背都给密封上，只容胳膊露在外面，而仅在关键部位预留小孔！

18世纪时，由于贞操带在上层社会的广泛流行，它竟发展成为欧洲上流社会已婚女子的时髦用品,其做工极为考究。例如在意大利、德国等地,许多贞操带就是用金属片精致雕制成的,有些还嵌有金质装饰品;金属片紧护阴部,只留两个孔洞作为排泄排经用。前后紧勒于两腿之间,挂在腰间一个环上,设有特制钥匙才能打开的锁。或许是为了显示自家的经济实力,有的贞操带居然是用弯曲象牙制成的,连接在用天鹅绒包住的铁箍护带上,其价格自然十分昂贵。显然,这些贵族女性已将贞操带当成了一种特殊的首饰。即便如此,由于无法解决卫生问题,这类贞操带仍然不宜长时间穿戴。

3. 难以捉摸的男人

以现代人的眼光来看,在贞操带流行的背后,所折射出的正是男权社会的一个缩影。因为自古以来,传统社会对女性贞操的要求就一直是个棘手的问题。甚至到 19 世纪中叶,还有些医生把贞操当作戒除女子手淫和限制女子过度性交的器械,只不过把金属贞操带改进为一种较为舒适合用的橡皮贞操带。在漫长的年代里,女性为贞操付出的代价无疑是极其惨烈的。而陈旧的贞操观念,就像沉重的锁链一样束缚着女人的身体和心智。20 世纪以来,随着现代文明的发展,人权意识的高涨,尽管还有个别地方在使用贞操带,但总的来说,贞操带作为一种曾经的风尚已彻底被送入了博物馆。

有趣的是,或许是为了对中世纪的妇女进行补偿,到 19 世纪以后,男人们居然也开始热衷于穿贞操带了。原来在维多利亚女王时期(1836—1901 年),英国医学界有一种理论强调,手淫是非常重大的罪过,认为它会导致失明、疯癫、暴死和各种令人厌恶的疾病。于是为了制止男孩和女孩的手淫,一些医生便为青少年发明了连睡觉都必须穿着的贞操装置,以制止手淫。由于男孩的手淫问题最为显著,因而首先发明的是男性贞操带。

19 世纪的男性贞操带,其原理与女性的基本相同,多数也有一条金属腰带，正前面纵向的金属带内侧，固定一个开口朝下的管子，以便把阴茎束缚在里面，使之无法被触摸和勃起。与中世纪的女性贞操带类似，男性贞操带也分为单式和整体式两类。也有的男性贞操带用一个开口朝下的圆柱形金属笼子罩住阴茎，然后前后分别用两条链子连接到腰带上固定住。一旦男性穿上贞操带，只能坐着或蹲着小便。在材质上，男性贞操带除了金属的外，还有用象牙作为骨架的，也有皮制的和其他纤维织品加上一些金属材料复合而成的。

进入 20 世纪以后，虽然女性贞操带已基本绝迹，但男性贞操带却大有流行之势。据说在欧洲，目前有 3 万左右的男性穿着贞操带，特别是那些虔诚的男性年轻教徒，为了证明自己的性忠贞，都表示愿意穿贞操带。1956 年，英国甚至出现了第一家向当代人提供贞操带的公司。

五

以生命换取尊严：盛行数百年的决斗风气

听到"决斗"这个词，很多人眼前会立刻浮现出这样一个场面：两个身穿骑士服饰的勇士正拔剑相向，准备为了自己的荣誉、爱情等而战……也许在很多人看来，这种情形很是神圣，甚至有些浪漫。但在 19 世纪之前的欧洲，决斗者绝对是真刀真枪、一对一的较量，其最终目的就是取对方的性命，丝毫没有浪漫气息。

不可思议指数：★ ★ ★ ★ ★

1. 让上帝"判决"吧

凡是对欧洲决斗之风稍有耳闻的人，通常会不由自主地联想到俄国大诗人普希金之死，并由此认定男人们决斗的主要原因就是为了女人。然而在事实上，决斗并不是骑士和贵族的专利，也不仅仅是争夺爱情和捍卫名誉的危险游戏。在西方社会的发展史上，它还是一种源远流长的法律制度，一种影响深远的文化风尚。从性质上讲，当时的决斗一般分为三种类型：司法决斗、名誉决斗和政治决斗。

所谓司法决斗，就是指以决斗来解决法律争端的一种审判方式，即由神来判断是非。远在 2 000 多年前，荷马史诗的《伊利亚特》（Iliad）中就有这样的情节：两个男人为证明自己是美女海伦的主人而在宙斯面前进行决斗，输掉的一方就是撒谎者。而在公元前 1 世纪，古罗马统帅凯撒也曾记载说，日耳曼人总喜欢用单独斗剑来解决争端。当时的欧洲社会认为，在决斗中失败的一方不仅仅是受伤或死亡，而且在法庭上也输掉了，因为神认为他或他所代表的当事人是错的，有意让他失败，甚至被另一方杀死。501 年，勃艮第王国（Kingdom of Burgundy）以其国王贡德巴尔达斯的名字命名了第一部决斗法令，所有的法律诉讼程序中都允许用格斗来代替发誓做证。

知识链接　　　　　　　　　勃艮第王国

　　勃艮第王国，5 世纪中叶勃艮第人在西罗马帝国境内高卢东南部建立的日耳曼国家，以里昂为首都。勃艮第人原信基督教的阿里乌派，后皈依罗马教会。523 年法兰克人进军勃艮第，国王西吉斯蒙德战败被俘，524 年被杀。534 年勃艮第王国为法兰克王国所灭。

　　在实现基督教化后，欧洲人开始将上帝视为决斗中裁判是非的主宰。对很多棘手问题，司法机构往往将决斗当成解决的唯一办法。假如某人被控犯了杀人罪，又不能以其他手段证实自己的清白，他可以提出与控告他的一方决斗，让"上帝"来证明他是否有罪。

　　正是在这种背景下，发生了许多具有传奇色彩的决斗故事。在法国路易二世（Louis II）时代的公元 878 年，卡斯蒂诺斯伯爵英杰格理乌斯很不幸地在一天早上被发现死在了自己的床上，他的妻子守在身边。虽然这只是一起偶然的事件，但很不幸的是，伯爵的一个亲戚贡特兰指控伯爵夫人对她的丈夫不忠，并且谋杀了亲夫。在这种情形下，按照当时的惯例，伯爵夫人要么承认罪名然后被绞死，要么找个代理人去和贡特兰决斗。尽管伯爵夫人所有的亲戚都认为这个指控纯属捏造，但鉴于贡特兰是个武艺超群而凶狠残暴的骑士，无人挺身而出与之决斗。绝望之下，伯爵夫人只好走上绞架准备受死。危急关头，伯爵夫人的教子——年仅 16 岁的安茹伯爵挺身而出，毅然决定为自己的教母维护荣誉。为了避免让这个孩子白白送死，就连国王路易二世也极力向他申明利害，解释决斗所需的一切。国王还告诉这位小伯爵，如果他失败了，不但伯爵夫人会被绞死，而且他本人即使侥幸活下来也要被砍掉右手。但是所有这些都无法使伯爵打消与贡特兰决斗的念头，他决心已定，坚持要用自己的剑捍卫教母的荣誉。当天，一切准备就绪后，无数人前来围观这场实力悬殊的决斗。双方就位后，只见贡特兰气势汹汹地策马冲向男孩，长矛狠狠地击打在安茹伯爵的盾上，而安茹伯爵闪身侧过盾牌顶住了攻击。就在这时，令所有人大吃一惊的事发生了，一向老练的贡特兰竟失去了平衡，从马上掉下来了，还没等他站起来，小伯爵就已经策马过来用长矛把他钉在地上，然后跳下马，拔剑砍下了对手的头颅。最终，伯爵夫人在欢呼中被宣告无罪。

或许是由于文学艺术家们的渲染，为名誉而进行的决斗似乎更为后人所熟悉。大约在 15 世纪末，名誉决斗的风俗开始从意大利流传到欧洲各国，其目的不是辨别是非，而是为了"洗刷"别人对自己的侮辱。当时，欧洲各国的贵族男子都身佩长剑，随时准备与别人拼个你死我活，无论目的是多么微小或荒谬。因为在他们看来，决斗本身就是富有骑士精神和男子气概的象征。最初，名誉决斗时双方并不需要助手，但由于给对方下埋伏等卑鄙事件常有发生，不久后，决斗人必须有助手陪同就成了惯例。但是，助手制度很快就带来了更大的伤亡，为了表明自己没有辜负朋友的信任，双方的助手也开始在决斗中大斗特斗，其拼命程度绝不亚于决斗的主角。女人当然也是引起名誉决斗的主要原因，不过，这倒并不是出于男人们用比武来赢得异性青睐的动物本能，而是因为骑士精神本身就包含这样的内容：男人应该以生命来捍卫心上人的名誉和尊严。因此，在描写中世纪骑士的小说里，我们经常能看到某位骑士发誓为心爱的贵夫人效劳的情节，这里的"效劳"便意味着：如果有人敢冒犯自己心爱的女人，这位骑士将立刻和他决斗，不死不休！

相比之下，政治决斗的案例则要少一些。在古代，政治决斗是非常严肃的事情，有着严格的规章和程序，观摩者也往往都是政界和宗教界的显赫人士。从法国大革命时期开始，另一种政治决斗开始风行：持不同政见的人为了自己的政治理念而决斗。到了 19 世纪，政治决斗甚至成了决斗的主要原因，这种风气甚至流传到了美国，从而引发了许多悲剧。

2. 狂热的决斗风尚

15 世纪左右，决斗尤其是名誉决斗在欧洲迅速而广泛地流传开来，这一时期，决斗变成了一种纯粹的私人行为，只需双方同意即可，用不着官方批准，不需要征得法院、主教或国王的同意。由于当时的欧洲男子普遍佩剑，因此人们常常因为琐碎的纠纷或争吵而拔剑相向，引起决斗。名誉决斗不存在法定的决斗规则，但仍须遵循习惯性规范，以保证决斗不致变成简单的斗殴。一般说来，扔出一只长手套代表挑战，对手拾起手套即为应战。

一般来说，名誉决斗大多发生在贵族、绅士和骑士之间，决斗双方往往还有朋友相伴，后来这些朋友也参与争斗，最后发展到上自君主、下至农奴的社会各阶层都不乏参加决斗者。不过，为保全名誉和性命，贵族和绅士之间进行的名誉决斗有时也真戏假做，双方事先达成默契，决斗时虚晃一招，互不加害对方。

在中世纪欧洲文明最发达的法国，决斗盛行的程度简直到了无以复加的地步。法国国王亨利二世非常热衷于决斗。1547 年，由于沙泰尼雷勋爵在朝中造谣，称雅尔纳克勋爵与其年轻的继母关系暧昧，愤怒的雅尔纳克提出要与沙泰尼雷决斗，一洗不白之耻，得到了亨利二世的同意。沙泰尼雷是个优秀的剑手，在其他的兵器方面也颇有造诣，而雅尔纳克在决斗场上只不过是个新手，因此外界一致看好前者。但在意大利剑客卡伊佐的临时辅导下，雅尔纳克却找到了克敌制胜的秘诀。决斗当天，决斗双方来到城堡庭院，然后按照惯例发誓自己没有佩带任何有魔力的护符或者其他护身符，也没有施加魔法在自己的武器上，更没有施加什么帮助自己战胜的巫术，然后他们就在国王和众多贵族们的注视下拔剑在手，开始厮杀。起初，强壮而狂妄的沙泰尼雷步步紧逼，而雅尔纳克则只有招架之力。但是正当沙泰尼雷准备乘胜追击时，蹲在地下的雅尔纳克一面用盾掩护着自己，一面突然向对手毫无防备的左大腿刺了两剑。

结果，沙泰尼雷痛苦地倒在地上。为了他的生命，国王授意比赛结束，雅尔纳克胜利了。面对这不可接受的失败，倍感耻辱的沙泰尼雷竟拒绝包扎伤口，两天后便一命呜呼。据说由于失去了自己的宠臣，亨利二世悲痛万分，当时就庄严地发誓，只要他活着，就再也不准许任何决斗的存在。然而没过多久，这位国王又兴趣益然地派亲信去主持另两位大臣之间的决斗，并且急切地等待结果。虽然由于国王的特殊身份，热衷于决斗的亨利二世无法亲自参与，但他最后却死在了比武场上。在他女儿的婚礼上，亨利二世举行了声势浩大的比武大会，并亲自参加了这种娱乐性质的比赛。不幸的是，当进行最后一场比武时，国王和蒙哥马利伯爵对阵，双方在接触的瞬间，伯爵的长矛击中国王的盾后折断了，但是没有将国王击下马去。就在这时，可怕的意外发生了，折断的长矛击中了国王的面具，而长矛断面上的一个长木刺恰好穿过面具上眼部的开口，刺穿了国王的眼睛，并且伤到了脑部。不久，亨利二世痛苦地死去，时年仅41岁。

可以说，亨利二世开创了决斗的"疯狂时代"。尽管随后几位国王都试图阻止这种疯狂，甚至在1559年颁布了一条法令，宣布所有出席决斗场的、帮助或怂恿决斗的人都是对国王的背叛，都是违法者，然而就在法令颁布后50年内，竟有40 000余人死于决斗。受法国风尚的影响，西班牙的贵族们也对决斗格外着迷。该国的基督教骑士居然向敌对的摩尔武士们提出一项挑战，希望用决斗来决定上帝和真主谁是神圣的、谁是邪恶的。

在16～19世纪的整个欧洲，决斗几乎四处泛滥，而这些生死之争的起因也变得越来越千奇百怪，几乎没有什么事情不能引起决斗。据说英国两位显赫的贵族——麦克纳马拉爵士和蒙哥马利爵士，仅仅因为他们心爱的狗之间发生了争斗，便进行了一场决斗，结果蒙哥马利爵士在决斗中被打死，麦克纳马拉爵士也身负重伤。1668年，著名的白金汉公爵与施特鲁斯伯爵夫人通奸，愤怒的施特鲁斯伯爵于是向白金汉公爵挑战。尽管国王查理二世担心他们两败俱伤，一度下令将白金汉公爵软禁起来，但由于看管者也是决斗的"发烧友"，因此双方仍展开了生死较量。最终，白金汉公爵刺穿了施特鲁斯伯爵的胸膛，而他本人则安然无恙。

英国大诗人拜伦也是一位决斗狂热分子。1765年的一天，醉酒后的拜伦勋爵在一家餐厅与邻座的查沃斯先生就两人谁的财产更多产生了争议，双方见语言无法让对方屈服，就决定用剑来证实自己的财富。他们来到隔壁的屋子，拔剑相向，屋子里灯光昏暗，两个人隔着长条餐桌互相攻击，混乱中本来被大家看好的查沃斯先生被刺死，拜伦勋爵被随后赶来的警察逮捕，上院本来打算以谋杀罪判处他死刑，不过后来仅仅以过失杀人罪判处罚金了事。

由于当时英法两国相距不远，贵族间的关系也极为密切，因此一些著名的决斗还时常成为国际性事件。在一次决斗中，法国国王的卫队长盖克兰打败了英国贵族布伦布，而后者的好友特鲁塞尔觉得很不服气，他打算教训一下这个法国人。但是他的上司兰开斯特公爵不赞成这种行为，以决斗得不到保障为由拒绝了他的要求。特鲁塞尔却想尽办法，终于找到了向盖克兰挑战的机会，向对手提出要进行生死决斗，长矛、剑、匕首各三个回合。虽然盖克兰正患疟疾卧床，但是仍然接受挑战，并请法军的统帅安德烈元帅安排决斗，还提出了100弗罗林金币的赌约，用以宴请作为证人的骑士。由于这是一场国际性的"赛事"，因此决斗当天，英法两国几千名贵族骑士前来观战，法国方面显贵云集，大批贵族争相充当盖克兰的助手，扈从、卫兵、号手浩浩荡荡。特鲁塞尔一方则要低调得多，只有两个助手、两个扈从、两个剑手、两个号手。决斗在号声中拉开帷幕，盖克兰情形不利，因为他正发着高烧。在第一轮冲击中，他的右臂被击中，整个人向左侧倾去，差点儿掉下马来。观众们发出了一片哀叹，都认为他不行了。不过在第二轮冲击中，他击中了特鲁塞尔的肩膀，干脆利索的将后者击落马下。随后盖克兰翻身下马，准备将倒在地上的特鲁塞尔斩首。幸好安德烈元帅示意决斗已经结束，制止了他的行为。但事情并没有结束，由于决斗结束得太快，观众们很不过瘾，于是双方的扈从又不得不用无头的长矛打了一阵子以满足他们的希望。

在决斗风气最盛行的时期，决斗的主角身边常常围着大批助手。有些人很喜欢做助手，这样既能满足他们的血腥爱好，又不必整天忙着找茬挑起决斗。助手们常常在决斗手受伤或倒下后开战，而观众也常常鼓动助手们继续战斗，来满足他们对感官刺激的追求。

1652 年，法国的波弗特公爵和内穆尔公爵在御前会议上吵了起来，于是他们开始了一场决斗。他们选择了手枪作为决斗武器，结果比赛结束得太快，第一回合内穆尔公爵就被子弹打死了，双方的六个证人很不过瘾。内穆尔的助手威拉斯侯爵马上向波弗特公爵的助手埃里库尔挑战，双方用剑决斗，这次时间足够长，证人们总算过瘾了，埃里库尔则在决斗中被刺死。

为了追求感官的刺激，有些人还经常搬弄是非，以挑起决斗。在那个决斗之风盛行的疯狂年代，一些人对决斗的热衷，简直到了不可理喻的地步。据说有人遭到一个莫名其妙陌生人挑战，准备决斗前，竟有许多从未见过的人跑来要求做他的助手参加决斗。

在德国，17 世纪以后，随着骑士阶层的衰落，决斗又开始在军队中蔓延。特别是三十年战争期间（1618—1648 年），有些军官甚至同寻常百姓对垒。到 19 世纪末叶，虽然欧洲的决斗事件有所减少，但参与者的身份却更复杂了，就连新闻界人士也卷入近来，仅在 1880—1888 年，意大利记者们展开的决斗就有 974 起。决斗传入俄国较晚，直到彼得大帝时代结束以后才广泛流行。彼得大帝尤其憎恨这项死亡游戏，为此他于 1716 年颁发军令，规定决斗者一开枪便可判死罪，而不问其是否造成伤亡。若出了人命，更要处以绞刑，连被杀者也要倒悬尸首示众。1787 年，俄国女皇叶卡捷琳娜二世（Catherine II）下诏大大减轻对决斗者的惩处，由此助长了这种风气。据说在 19 世纪，一名贵族声称他在决斗中杀死过 11 名对手。而在官方颁布的《军官间争端审理准则》中，居然有这样的规定：如果一个军官的名誉被人玷辱，"军官界公断会"又认为只有决斗才是他唯一适当的报复手段，他就必须提出挑战，以保持自身的尊严。要是他不肯决斗，又不在两周内呈请辞职，他所在的团队的长官可径直禀报上级将他罢免。

3. 难以遏制的死亡游戏

中世纪的欧洲人如此狂热地投入到决斗中，无疑就是拿自己宝贵的性命当儿戏，因此必然会招致众多反对之声。

早在 12 世纪，基督教会就首先对决斗发难，首当其冲的就是司法决斗。当时，罗马教皇在很多场合提出要禁止决斗，指出在本质上这是违反基督教非暴力和和平原则的活动，是对上帝的蔑视，也从来没有在神法中得到确认。一些教会作者认为，决斗凭借武力和军事技艺决定胜负，对体力弱小者不可能是公平的司法程序，是非正义的恶习。所以到 16、17 世纪，一度盛行的司法决斗制度逐渐绝迹。

但相比之下，名誉决斗则要顽固得多。在决斗风气最盛行的法国，16 世纪末—17 世纪初的十年，死于决斗的贵族、绅士多达 4 000 人。尽管许多统治者也试图通过制定法律来遏制这种无聊而血腥的风尚，但决斗之风依然盛行。直至路易十四亲政后，法国终于对决斗者动了真格的，其在位期间的决斗次数只有路易十三在位时的百分之一。伏尔泰曾评价说，废除决斗是路易十四为国家办的最大好事之一。他雷厉风行，令人满意，不但使国内的恶习逐步得到纠正，而且还影响了邻国。普鲁士国王腓特烈就曾经颁布命令，军队允许决斗，但是决斗要在整团士兵面前进行，因为士兵们要看到公平竞赛，不过士兵们接到了另一个命令：向决斗后站着的那个开枪。

其实，决斗一直没有绝迹，绝迹的只是决斗的风尚。甚至在 20 世纪，名誉决斗也偶有发生。在德国，直到第一次世界大战，名誉决斗皆为军事法典所批准，当时的德国大学生甚至以在脸上留下伤疤为荣。1936 年，纳粹统治的德国再一次将决斗合法化，而意大利的法西斯政权也鼓励决斗。甚至在今天，名誉决斗的残余依然存在于现代社会。据说历史上曾无比热衷决斗的法国人偶尔还会举行决斗，不过往往只是走走形式，决斗者的生命安全都能得到保障。

由于决斗主要在上层社会中流行，因此在数百年间，无数欧洲社会的精英白白牺牲了性命。翻阅历史，如果我们列出一张名单，就会在上面看到众多举足轻重的人物。比如我们所熟悉的文学家大仲马（Dumas）、屠格涅夫（Turgenev）、托尔斯泰（Tolstoy）等都曾参加过决斗，美国第 7 任总统安德鲁·杰克逊（Andrew Jackson）、法国第三共和国总理乔治·克列孟梭（George Clemenceau）也是决斗的高手，而号称"铁血宰相"冯·俾斯麦（Von Bismarck）更是把决斗当成家常便饭，仅大学期间他就与人决斗过 27 次！而俄国最伟大的诗人普希金（Aleksandr Pushkin），更是因为要维护妻子的名誉而死于一场决斗。

六

让女人的腰像蜜蜂一样：欧洲持续 300 年的束腰风尚

你肯定听说过"楚王好细腰"这个故事吧？话说在 2 000 多年前的楚国，楚灵王喜欢他的臣子有纤细的腰身。于是，楚国的士大夫们每天都只吃一顿饭，以达到腰身纤细的目的。许多人饿得头昏眼花，站都站不起来。即便如此，那些士大夫们依然发扬"一不怕苦，二不怕死"的精神，不达目的誓不罢休，即使饿死也心甘情愿。无独有偶，昔日的欧洲也曾经疯狂流行过"好细腰"的风尚，甚至不乏有为了细腰而付出生命的女性。

不可思议指数：★★★★★

1. 维多利亚时代的恐怖风尚

看过美国影片《乱世佳人》吗？里面有这样一个镜头：女主人公郝思嘉手抱着床边的柱子，不停地深呼吸，身后的黑人保姆则拉着两根马甲上的绳子如系鞋带似的绑来绑去，郝思嘉不停叫痛的同时又要求紧些，再紧些……就这样，郝思嘉以她 17 英寸的腰围成为附近三个县细腰女性中的翘楚，迷倒了当地的一大群男性。如果将其腰围换算成中国式的说法，17 英寸大概还不到一尺三寸，43 厘米左右。

如此细小的腰身是不是让你咋舌？这种畸形的审美观曾一度流行于整个欧洲，成为女性美丽的第一标准。为了获得理想中的细腰，众多女性不得不忍受巨大的痛苦，把自己包裹进一种类似于刑具的衣服中去——这就是片中郝思嘉身上所穿的那种紧身胸衣。

其实，这种看似充满古典情调的服饰出现的时间并不长。在古希腊和古罗马时代，崇尚的是自然之美。有资料表明，当时妇女所穿的长袍内时常不着一缕，她们的内衣极像今天的比基尼，采用抹胸和底裤两段式设计。中世纪时，由于深受基督教专政文化思想的影响，"很久以来，人们就拼命诅咒肉体感性形象"，许多生理本能欲望甚至连适度装饰自我的念头都被视为是邪恶的。因此，欧洲居民的服装普遍以简洁朴素为美。但是谁也没有想到，一群小小的老鼠竟然彻底颠覆了这种观念。

14世纪中叶，一场由老鼠传播的可怕瘟疫在欧洲肆虐，这就是被欧洲称之为"黑死病"的鼠疫。它在欧洲挖掘出了一个巨大的死亡陷阱，大约2 500万人在这场史无前例的瘟疫中丧生，这几乎是当时欧洲三分之一的人口！那些劫后余生的人们动摇了对基督教的信仰，很多人开始怀疑上帝，产生了一种"活在当下"的情绪，终日以暴饮暴食、寻欢作乐等放纵生活来麻痹自己。以至于曾有历史学家做过如下的描述："当一些妇女在公开场合戴上假发，穿上低胸衬衣，任其乳房束得如此之高，竟至可以将一柄蜡烛径直搁在酥胸之上时，谁会怀疑人性已经泯灭到了地狱的边缘？"

如果说黑死病带来的死亡恐惧让人们向往着肉体的欢愉，那么文艺复兴的光辉则重新唤醒了女性意识。几个世纪的压抑让人渴望回归到古希腊、古罗马那自然惬意的精神家园，而这一观点在女性着装上体现得尤为明显——层层包裹的身体终于可以袒露在阳光下，以往被刻意忽视的第二性征，也终于能够大胆展示。正是在这股潮流中，让女性又爱又恨的紧身胸衣登上了历史舞台。

紧身胸衣发源于文艺复兴时期的西班牙风女装，最初是由布缝制而成，靠收紧带子来勒细腰肢。1577年前后，出现一种叫作"苛尔·佩凯"的紧身胸衣，以两片以上的亚麻布纳在一起，中间加上薄衬。为保持形状和达到强制性束腰的效果，又在前、侧、后的主要部分都纵向嵌入鲸须，胸衣的开口在后部或前部的中央部位，用绳或细带系紧。正是从这个时候，细腰开始成为表现女性性感特征的重要因素之一。

为了让腰身越来越细，甚至出现了铁制胸衣。法国国王亨利二世的王妃凯瑟琳·德·梅第奇（Catherine Medici）绝对是紧身胸衣的"铁杆粉丝"，其嫁妆中就包括铁制的紧身胸衣。这种铁甲似的胸衣分前后两片，一侧装合叶，一侧用挂钩固定。宽窄与松紧就通过铰链或插销调整。我们可以想象一下，这种胸衣穿着时发出"吧嗒吧嗒"的声音，就像在关窗户。无怪乎有人称其为"痛苦的囚衣"。在凯瑟琳看来，理想的腰围尺寸是 13 英寸（约 33 厘米）——据说她的腰围是 40 厘米，她表妹玛丽·斯图亚特（Mary Stuart）的腰围只有 37 厘米。可以理解她为什么要使用铁制的胸衣了。

知识链接　　**凯瑟琳·德·梅第奇**

凯瑟琳·德·梅第奇（1519—1589 年），瓦卢瓦王朝国王亨利二世的王后和随后 3 个国王的母亲，对法国历史产生了一定影响。出生于意大利的佛罗伦萨，是洛伦佐·德·梅第奇和法国公主玛德莱娜·德·奥弗涅的女儿。1533 年，14 岁的凯瑟琳在马赛与亨利结婚。

这些紧身胸衣造价不菲，成为贵族身份的象征。在王室的推动下，紧身胸衣在欧洲上流社会迅速风靡开来。据说，由于西班牙正处于外国的统治之下，西班牙女王向她的臣民保证：祖国一日不自由，我一天不解胸衣！可见紧身胸衣在上流社中的风行。

随着紧身胸衣的流行，它的制作工艺也逐步得到改善。新型紧身胸衣的缝线，从腰际向胸部呈扇形展开，不但具有装饰美感，而且即使大幅度的动作也不会让衣服走形。除了前部要插入带状鲸骨或木片、金属片定型来保证腹部平坦以外，还要把鲸须按体形曲线弯好后嵌入衣身。在胸衣上沿，也要横着嵌入一条定型过的鲸须，背后的鲸须则必须挺直，从而压迫肩胛骨，使背部平坦，让胸部能更为突出。胸衣开口开始统一放到后部，腰围越来越小，用"可堪盈握"来形容也一点都不为过。胸衣前部下端呈尖角状，这样做不仅在视觉上使腰看上去更苗条，还把视线下引，极具挑逗力。

不断改良的紧身胸衣在维多利亚时代达到了辉煌。当时的女性经典形象是：上着紧身胸衣，下着加裙撑和臀垫的长裙，通身装饰着蕾丝花边。由于腰被束缚得很细，上面胸部相对挺出，下边裙摆又撑得老大，整体看上去仿佛两个实验室的漏斗小口对小口地接在一起。

知识链接　　　　　　　　　**维多利亚女王**

维多利亚女王（Alexandrina Victoria，1819—1901 年），英国历史上在位时间最长的君主，1837 年继承王位，在位时间长达 63 年。她是第一个以"大不列颠与爱尔兰联合王国女王和印度女皇"名号称呼的英国君主。在位期间是英国最强盛的所谓"日不落帝国"时期，后世又称维多利亚时代。

束腰对妇女的健康有诸多不利影响。各派言论所提及的可能病症包括头疼、昏迷、疝气、肝脏损伤、流产、呼吸困难、血液循环受阻等等。一位维多利亚时期的作家曾经开列了一份包括 97 种病症的清单，并声称所有这些病症，都是因女性盲目追求细腰而造成的。长期束腰过紧会将膀胱压向前下方，使膀胱与尿道的夹角增大，每当咳嗽、弯腰、提重物时，腹压增大，就会造成令人尴尬的张力性尿失禁。青春期的少女如果长期束腰，会使腹部的血液供应受限制，进而影响卵巢子宫等器官的发育，轻者可导致月经不调，重者可使子宫发育迟缓，甚至停止发育，为日后生育埋下"祸根"。为了恢复产前体形，一些产妇过早过紧地束腰，会使在妊娠时被拉长了的尚未复原的韧带不能有效地固定子宫，增高的腹内压会将子宫压出盆腔，造成子宫脱垂。

如果说紧身胸衣在发明之初还带有一点女性自我意识觉醒的味道，那么此时已经完全沦为畸形的审美工具。它将女性身体塑成沙漏形状，所要付出的代价是健康，甚至生命。因为束缚，女性的肺部机能被严重削弱，胃、肾、肠等器官都被迫下移，下半身血管受到强烈压迫，人体的三大机能——呼吸、消化和血液循环同时受阻，严重时会直接引发猝死。这种痛苦从《泰坦尼克号》《加勒比海盗》《乱世佳人》等影视作品的情节中，多少可以窥见一些端倪。19 世纪的欧洲曾发生多起因束腰致死的事件：肋骨过度受压，进而插破了肝脏。有一位新娘甚至在婚礼的当天举行了她的葬礼，这大概是最极端也是最典型的例子。而这种令人恐怖的风尚竟然持续了 300 多年之久！

2. 细腰是怎样束成的

中国妇女缠足可以说是历史上最残忍、最持久、迫害人数最多的恶俗了，也一直深为外国人诟病。他们或许从未想过，那些给人以无限遐想的婀娜蜂腰体现的也是同样的残忍。

就在中国妇女将自己的脚越裹越紧的时候，西方妇女也开始陷入束腰的痛苦深渊之中。为了获得纤弱动人的腰肢，许多贵族家的少女在母亲的监督下，从小就开始有计划地长期进行束腰活动。女孩们最迟必须在十四五岁、尚未发育成熟之时就开始日日夜夜用紧身胸衣束腰，只有晚上睡觉时才可以解下来，得到短时的解脱。随着她们对束腰渐渐习以为常，胸衣便会越扎越紧。经过多年"不懈地"努力，尽管她们身体的其他部分都发育正常，但腰却细得像蜜蜂腰一样。

每逢有重大活动之时，为了使自己的腰身看上去更加纤细，她们更是用小一号的胸衣拼命往身上勒。此举极大地阻碍了胸腹之间血液的正常流动，袒露的胸口往往可以看见青色的血管——而这也成为当时极具性感和诱惑力的重要美点之一（影片《加勒比海盗》里就有女主角曾经因为紧身胸衣而差点窒息的情节）。那些被胸衣勒得透不过气的夫人、小姐们，为了在心理上消除这种不快，一面把领口开大，一面用扇子扇风来取得一点心理安慰，因此精巧的折扇成为当时仕女们不可缺少的装饰品。批评家讥讽这是"系腰身于鲸骨图圄"或"将乳房压缩成饼，不久之后，连呼吸都发出臭味"。有人曾目睹当时英国网球俱乐部女更衣室栏杆上的斑斑血迹——那是打网球的淑女们将汗湿的紧身胸衣搭在上面后留下的。

当时上流社会的"淑女"们还有一样必备之物，那就是嗅盐。由于胸部被压迫得过紧，女性经常会因为一点点小事就会昏厥过去，陷入危险的休克状态。因此，她们会经常随身携带嗅盐以备不时之需，甚至连警察也会将之作为必备用品。

知识链接   **嗅 盐**

嗅盐，又叫"鹿角酒"，是一种由碳酸铵和香料配置而成的药品，给人闻后有恢复或刺激作用，特别用来减轻昏迷或头痛。其有效成分是碳酸铵，一种无色晶体。嗅盐所释放的氨气，会刺激人体的呼吸器官（鼻子、肺等）黏膜，使得呼吸运动加剧，从而使人苏醒。

随着女装逐渐从 S 形向直线形转化时，胸衣也随之改变，样式变长，拼接的片数减少，坚硬的嵌条也减少了，臀部插入弹性布。其下延也逐渐延伸，甚至出现腰围以下 43 厘米把整个臀部都包裹起来的式样。穿上这样的胸衣之后，女人走起路来的样子极具诱惑性（大家可以回忆一下影片《泰坦尼克号》中，罗丝穿着直线形女装走下汽车时的妖娆身段），但却连坐都相当困难。但这种笔直的站姿却让她们看起来拥有了"遗世而独立"的华贵气质。

19 世纪中期，贵族女子在穿着上花费的时间，恐怕会让如今最时尚的女子都叹为观止：首先得穿上紧身胸衣，从后一节一节地系紧抽带，然后穿上内衣和贴身的长内裤、法兰绒衬裙、内衬裙，然后是膨胀如车轮的裙撑（一般用轻金属制成环型撑架，然后填塞或包覆马毛、麻等材料做成），再是上了浆的白衬裙，两层纱布的衬裙，最后才是由塔夫绸或透孔织物等轻薄面料做成的裙子。如此的行头单靠一个人根本无法完成，至少由两人协助才能完成。

面对如此巨大的痛苦，当时的女人却依然对此趋之若鹜，将自己的身体禁锢在那令人窒息的紧身胸衣里长达 300 多年之久，这究竟是为什么呢？

其实，原因并不难找。就和中国古代的缠足一样，根本点就在于两性关系上。在西方文明史上，由于社会分工的不同，也同样存在着男尊女卑的现象。自文艺复兴以后，禁欲主义的藩篱被突破，男女两性的差别开始得到正视。于是，女人的身体成为吸引男性的焦点。人们对自身的审美在很大程度上都是源自对第二性征的感知，强调第二性征的特点与美感，往往能够给人以很强烈的刺激和诱惑。所以，以女性的第二性征来吸引男性，本是无可厚非的一件事情。然而在那个特定的男权社会中，这种吸引却走上了歧途。在这一点上，束腰与缠足这两种被废除了的审美观，使东西两种不同的文化产生了交集。女性不得不使用外力使自己的身体符合那个时代的审美标准，在服饰、道德礼仪、行为规范等方面，建立起一种以符合男性为中心的社会规范的魅力，那些精心包缠的小脚和紧束的腰肢，极力炫耀的正是不同文化下女性的性感。

所谓"女为悦己者容"，紧身胸衣收束腰肢，突出了胸部和下半身，充分强调了女性的第二性征，吸引了异性爱慕的目光，女性自己也因此倍感愉悦。在法式胸衣中间，一般都有一根以鲸骨、木头、象牙、兽角或金属制成的撑骨，以维持它的直挺。这种撑骨往往由专业工匠打造，上面甚至还雕刻着情爱诗文，其本身可以说就是男性爱欲的对象，也是闺房诗与大众戏剧歌咏的物品。紧身胸衣无疑已成为一种性的暗示。就这样，男性的欲望与女性对美的误解形成了一股愈演愈烈的合力，使紧身胸衣的系带越来越紧，以实现那令人迷醉的玲珑浮凸的"魔鬼曲线"。

3. 革命解放了女人的腰

当然，面对这种变态的做法，反对之声也是一直存在的。17世纪时，清教徒们是引领这项抵制运动的带头人，他们旗帜鲜明地提出，任何尝试着改变女性天生身体形态的做法，都是对上帝的冒犯。在1654年发表的文章中，约翰·布尔沃曾经极力谴责那些"危险的时尚，和不顾一切地想要改变腰部的举动"，他认为以勒紧腰部、凸显胸部为目标的紧身束腹是一种"损害力超乎想象的、不应有的时尚"，他向那些"把自己的腰部紧紧捆绑起来，想要让其变成细棍一般，在无法用自己的双手环抱住自己的纤腰之前永远不认为腰部已经足够细的女性"发出了可怕的警告，并指出如果女性们无视他所发出的告诫，那么"很快她们就会打开通向肺病的大门，带着腐臭的喘息永远沉沦"。

知识链接　　　　　　　　**清教徒**

清教徒（Puritan），指要求清除英国国教中天主教残余的改革派。名称源于拉丁文的 Purus，意为清洁。清教徒信奉加尔文主义，认为《圣经》才是唯一最高权威，任何教会或个人都不能成为传统权威的解释者和维护者。

法国启蒙思想家让·雅克·卢梭认为："看见女人像黄蜂一样被束成两半，那可不是什么赏心悦目之事。"他甚至为法国革命设定了两个目标，即自由与自然。"腰部的纤细，跟其他所有东西一样，都有其自然的比例，有其尺寸，超出那个范围，那就一定会成为瑕疵了。这种瑕疵在光着身子的时候将非常触目惊心，因此，为什么必须是在穿着衣服时候的美呢？"

知识链接　　　　　　　　**让·雅克·卢梭**

让·雅克·卢梭（1712—1778 年），法国伟大的启蒙思想家、哲学家、教育家、文学家，是 18 世纪法国大革命的思想先驱，启蒙运动最卓越的代表人物之一。在哲学上，主张感觉是认识的来源，坚持"自然神论"的观点；强调人性本善，信仰高于理性。在社会观上，坚持社会契约论，主张建立资产阶级的"理性王国"；主张自由平等，反对大私有制及其压迫；提出"天赋人权说"，反对专制、暴政。在教育上，他主张教育目的在培养自然人；反对封建教育戕害、轻视儿童，要求提高儿童在教育中的地位；主张改革教育内容和方法，顺应儿童的本性。主要著作有《论人类不平等的起源和基础》《社会契约论》《爱弥儿》《忏悔录》等。

由于紧身胸衣代表了当时上流社会的审美情趣和价值取向，一度被革命者们视为腐朽生活和价值观念的象征，成为革命的对象之一。1856年，法国曾经上演了一出名为《喧闹的衣裳》的讽刺剧，女演员穿上夸张的钢铁大伞裙登场，嘲笑它的笨拙、累赘和对女性身躯的禁锢，漫画家们也将克里诺林画成钢铁囚笼，对其大加讽刺。在法国大革命期间，紧身胸衣和所有的贵族生活及其用具一起成为革命者所反对的目标。巴士底狱被攻克以后，巴黎到处都贴着这样一条标语："Vous avez la liberte des cultes et celle du costume."也就是说："你可以自由崇拜，亦可自由着装。"美国20世纪60年代的激进分子烧掉胸罩，几乎是法国的革命者烧掉紧身胸衣的翻版。

知识链接

克里诺林

克里诺林，一种裙撑的名称，最初马尾衬做的硬衬裙，后加入几个细铁丝圈，这种加入轮骨的衬裙就叫克里诺林。后来改用鲸须、鸟羽的茎骨、细铁丝或藤条做轮骨，用带子连接成的鸟笼子状的新型克里诺林，由过去的圆屋顶形变成金字塔形，前面局部没有轮骨，较平坦，后面向外扩张较大，从而质轻有弹性，更加方便。

第一次世界大战的爆发，使得众多男人战死疆场，他们留下的繁重工作转由女人们承担。累赘烦琐的传统女装严重阻碍了工作而被彻底抛弃，服装的机能性被强调了出来，出现了简洁、质朴，符合战争氛围的军服式女装，因此紧身胸衣遭到全面废弃。1913年，纽约社交界名媛柯劳丝比终于因为受不了束腹的拘束感，愤而丢掉它，另外叫侍女把两条手帕缝在一起，再用粉红色的带子连接起来，穿上之后果然轻松多了，并由此在社交界广为流传。

然而，战后的大萧条却使这个缠绕欧洲女性数百年的幽灵再次回归——紧身胸衣竟然在纸醉金迷、醉生梦死的颓废生活中得以复兴。不过，由于现代主义美学运动的蓬勃和左派思想的流行，以及战后女权运动的燎原之势，传统服装已经无法再取得全面复兴，束缚女性身体，影响女性健康400年的紧身胸衣终于被扔进了储藏室，女子的腰围总算回到比较合乎生理健康的尺寸。

如今，经过漫长岁月的演变，胸衣已在时装界独立成军、自由发展成为世界女性爱慕的新潮流。尤其采用新的质材后，内衣日渐轻如羽毛，触摸起来，穿戴起来，格外柔软舒适，将女性的曲线美表达的更加淋漓尽致。

七

特别的帽子：17—18 世纪欧洲流行戴假发

对于头发稀少或者秃顶的人们而言，戴上一顶假发无疑是不错的选择。演艺圈的男男女女们，选择各式怪异的假发也不过是为了增强演出效果。但是如果正常人也热衷于戴假发，并不惜为此花费巨资，就显得有些不可理喻了。而在法国的路易十四时代，还真兴起了这样一股怪异的风尚。人们宁可忍受闷热、皮肤瘙痒、异味刺鼻等痛苦，也要在正式场合戴上假发，甚至还要往假发上洒大把大把的粉末。想象一下吧，那是什么滋味？

不可思议指数：★★★★☆

1. 路易十四时代的风尚

无论是古今中外，对于人类而言，头发绝对是体现外表美的重要标志。而由于各种各样的原因，有些人头发浓密，有些人头发稀少甚至秃顶，有些人头发黑，有些人则长着金色的头发……凡此种种，都造成了一种虚荣心的存在。于是为了弥补自己脑袋上面的遗憾和不足，假发便应运而生了。

据考证，早在 4 000 余年前，古埃及上层人士就有了盛行戴假发的习俗。有趣的是，考古学家居然从古埃及木乃伊身上发现了编织得异常精致的假发套！令人不可思议的是，在古代埃及，假发的地位甚至超过了真发。因为据记载，当时的埃及贵族女性竟不惜把自己的头发彻底剃光，然后在公共场合戴上华丽的假发。对于古埃及统治阶级的男子而言，对假发的青睐倒不是为了装饰，而是为了增加自己的威严，所以国王和贵族死后也要戴上假发。

受古埃及人的影响，古代希腊和罗马也曾盛行戴假发。与古埃及仅盛行于上层社会不同，古希腊人无论男女老少、高低贵贱都喜欢戴假发，而其目的也很单纯——美观。由于非常重视头发的美化，古希腊人甚至认为秃头者定是受到了上天的惩罚。因此在当时，在希腊主流文化中，秃子往往被视为罪人，备受歧视。即便在军队中，假如一名军官不幸天生头发稀疏或秃顶，那他甚至连自己的饭碗都会保不住的。有资料显示，古代希腊人似乎最偏爱红色的卷发，结果一度造成了各城邦染发业的兴旺发达。

与古希腊人类似，古罗马人也流行戴假发，并对头发稀少者极为厌恶。这种观念是如此强烈，以至于当时竟有人提出一项名为"秃子法令"的议案，即禁止秃顶男子竞选议员。而在古罗马的奴隶市场上，秃顶的奴隶只能卖到半价。于是秃子们为了免受歧视，便纷纷戴上假发遮丑。随着罗马帝国境内戴假发风气的普及，有些皇帝也饶有兴致地戴上假发。如此之大的需求自然催生了庞大的假发市场。为了获得一顶好看的假发，一些贵族把自家奴隶的头发剃下作为材料，而很多贫穷的农夫和已婚妇女也常去市场卖掉自己的头发换钱。

不过由于历史久远，加上缺乏详细的文字记载，古代的假发风尚并没有给后人留下深刻的印象。特别是在罗马帝国灭亡后，随着基督教在欧洲主导地位的确立，戴假发这样的浮华行为就逐渐退出了历史舞台。一直到16世纪之前，中世纪欧洲都很难看到假发的影子。因为在教会看来，假发就如同魔鬼的假面具，它会阻碍上帝的祝福进入人们的心灵，因此严禁教徒戴假发，否则将被革除教籍。

出人意料的是，在销声匿迹了1 000多年后，随着教会权威的下降，假发重新在欧洲盛行起来，并且达到了极为疯狂的地步。

话说在16世纪，由于当时欧洲的卫生状况极为恶劣，人们几乎无一例外地头上长满虱子。为了摆脱这种小动物的骚扰，一些人干脆咬牙把头发彻底剃掉。而为了保持形象，他们又纷纷戴上假发，从而使这一古老的时尚再度复活。例如当时著名的英国女王伊丽莎白一世，便喜欢头戴红色的假发。不过真正将这一时尚推向高潮的，当属向来喜欢吸引眼球的法国国王们。

据说，假发的大流行要归功于法国国王路易十三。而在当时，一些社会精英也在为戴假发提供理论依据。例如启蒙运动的思想家狄德罗就在其编纂的《百科全书》中写道："长发在古代高卢是荣耀和自由的象征，王朝时期它是皇家血统的象征，其他人根据等级次序依次剪短。"这就意味着，王公贵族如果要体现自己的地位，头发就得足够长，否则就有失身份。具有讽刺意味的是，身为法国国王的路易十三偏偏"聪明绝顶"。虽然他从小就可以留长发，可是在长大后，心爱的头发却无情地抛弃了主人。于是为了掩盖自己的秃顶，路易十三就经常戴假发。又因为听说头发越长则雄性气质越强，他的假发也特别长，甚至一直垂到臀部。在国王的引领下，一股假发风尚迅速在法国宫廷蔓延，接着又进一步传播到整个欧洲。受其影响，原本不缺头发的妇女们也开始头戴假发露面了。到17—18世纪时，假发已成为了欧洲贵族阶层的主要象征。

17世纪后期统治法国的"太阳王"路易十四，更将戴假发的风气推向了高潮。有趣的是，这位以时尚著称的国王之所以热衷于戴假发，很大程度上是因为他的头发十分稀疏。有了尊贵的国王作表率，法国的臣民们也纷纷仿效。结果在这股风尚的影响下，就连原本满头浓发的人也来赶这个时髦，而据说当时假发套的类型竟有45种之多，假发也被后世视为欧洲君主政体时代的象征。另据记载，当路易十四1655年即位时，他一次就雇用了48名假发师傅为他制造效劳。随着社会需求的迅速扩大，次年法国便成立了假发制造行会。

由于当时社会上假发风尚的过分流行，就连一些中下层的人士也戴假发了，一些贵族显然颇有微词。例如著名的米拉波侯爵就发牢骚说："巴黎现在满大街都是爵爷了。星期天，一个穿着黑色丝绸服装、戴着精致假发的男子来看我，搞得我低三下四地赞扬他。结果他说，他是我家铁匠还是马鞍匠的儿子！难道假发是用来随便戴着在街上跳舞的吗？"而另一位社会名流、著名作家梅西耶，则以讽刺性的口吻罗列出了最爱戴假发的几种人：巴黎郊区的校长们、唱诗班指挥、法庭上跑腿的、仆人、厨子、厨房打杂的。显然，这些人没有一类属于贵族。

当时假发在法国的泛滥程度，还可以通过假发师傅的数量得到证明。据记载，在巴黎，1673 年只有 200 名假发师傅，可到 1771 年就猛增到 945 个，即使是小城鲁昂的假发师傅在 1680—1781 年的百年间也从 20 个达到了 83 个，假发学徒就更无法计数了。另据估计，当时仅小城鲁昂一年就可以做 8 300 顶假发，至于整个法国一年的假发产量自然不难想象了。

到路易十四时代后期，假发风尚也发展到了最疯狂的地步。1751 年，当大思想家卢梭决定过隐居生活时，居然仍舍不得抛弃假发。为了争夺客户，假发师傅们不断推陈出新，设计出各种新奇的样式来互相竞争。例如一位假发师傅做出了用松紧皮带扎住的假发，他的广告词这样写道："皮带柔软如天鹅绒一般，可使假发随头自由移动"；另一位师傅则发明了"运动式假发"，可使它在风雨交加中保持发型，广告词中特意说明："本假发适合猎户、骑手、旅行者、信使、水手，还有所有愿意在糟糕天气戴假发的人们。"

路易十四驾崩后，假发风尚并没有退出历史舞台，只不过这时假发的长度开始逐渐缩短。路易十五国王因为出水痘而掉光了头发，他偏爱戴白色短假发，于是短假发又变成了新的时尚。

有趣的是，当法国的男人们热衷于戴假发时，女人们也不甘落后，纷纷在自己的头上再扣上一顶特别的"帽子"，而各种令人不可思议的现象也随之出现了。例如有些女人的假发，其高度竟超过了 75 厘米，而为了让戴这种假发的女士顺利通过，房子的大门门口必须被加高才行，就连马车上的座位也因此降到特别低的程度。

在法国的影响下，整个欧洲都流行起了假发时尚，即使远在大洋彼岸的新大陆，也沾染上了这种虚荣病。北美十三州尚未独立前，假发始终属于稀罕之物。虽然当时法国的小乡绅都戴上了假发，但新大陆却只

57

有少数上层人士尝鲜，而在美国独立运动期间，也只有本杰明·富兰克林（Benjamin Franklin）和乔治·华盛顿（George Washington）等个别人戴假发，并且在样式上处处模仿法国。不过在独立之后，为了表示与欧洲大陆的旧势力和习俗划清界限，美国基本上没有人再戴假发了。

2. 英国法官的道具

在整个欧洲范围内，英国人对假发的热衷程度也毫不逊色。与法国不同的是，他们的假发主要流行于司法界。

据考证，大约早在12世纪时，英国上层社会人士就兴起了戴假发的时尚。例如鼎鼎大名的伊丽莎白一世女王，就以喜欢戴红色假发而名垂史册。有一种传统的说法认为，由于女王在40岁时因脱发而成了秃子，所以不得不戴上红色假发来遮丑。不过在近些年，有历史学家居然爆料称，伊丽莎白一世戴的根本就不是假发，因为"她"本来就是一个生着满头红发的男人！持此观点者认为，真正的"伊丽莎白一世"降生不久便夭折了，而其母为了保住自己在宫廷中的位置，便找来一名红发男婴冒充死掉的女孩，后来的所谓伊丽莎白一世，其实一直都是男扮女装的！

我们且不管这种不可思议的说法是否属实。可以确定的是，当法国的假发热达到顶峰时，与其相邻的英国也沾染了这一时尚，而其传播者便是查理二世。17世纪中期，在资产阶级革命的狂潮中，英国国王查理一世被送上断头台，他的大儿子被迫流亡法国。1660年，当查理二世（Charles II，1630—1685年）复辟成功，重新回国执政时，就把在法国学会的时尚也带回了英国，后来这一时尚又逐渐蔓延到整个英国。例如在1663年11月2日，英国作家塞缪尔·佩皮斯（Samuel Pepys）在得知国王和公爵都将戴假发的传闻后，第二天就急不可耐地将头发剃光，定做了一顶假发，他还心情复杂地写道："告别自己头发还是有些许伤感，但一切结束了，我就要戴假发了。"1665年，佩皮斯曾这样记录他第一次戴假发时的情形："1665 年 9 月 3 日：起床后穿上我的丝质外套，很好，还有买了好一阵子但不敢戴的新假发，因为我是在爆发着瘟疫的西敏寺买它的，我在想瘟疫之后，人们怕假发是从死于疫症的人头上取来的头发制造的，怕被传染就没人敢买假发，假发的时尚会怎样呢?"显然，尽管为了追逐时尚，英国人开始学着戴假发了，但这种新奇玩意儿的弊端也很多。同样是佩皮斯，在戴了两年的假发后曾在日记中抱怨道："我要去斯旺找我认识很久的假发匠杰瓦斯，他给我一顶假发，却满布虱卵，所以我要送回去让他弄干净。"

令人可怕的是，随着假发时尚在英国的流行，导致最初这个行业使用的原材料——真发极度短缺。于是为了赚钱，一些假发师傅竟开始打死人的主意了。巧合的是，17 世纪 60 年代的英国经常爆发黑死病，这种大瘟疫导致大批人死亡。而为了获取材料，许多假发师傅居然使用病死者的头发冒充真货。由于担心被传染上疾病，许多热衷于时尚的人开始抛弃以往流行的长假发，随后短假发开始流行了。

当欧洲大陆戴假发的时尚逐渐淡出历史舞台后，英国的情形却截然相反。虽然大多数人已不再热衷于这种浮华而别扭的"帽子"，然而在英国的司法界，戴假发却作为一种特殊的惯例保留了下来。据说，英国司法界所用的假发与普通假发是有区别的。例如在材料上，司法人员的假发通常用马鬃制成。即便如此，制作一顶假发也要花费巨大成本，因为假发的制作是个精细活，无法进行批量生产。据粗略估计，生产一个假发需要一位熟练工匠花费大约 44 个工时，一般一个法官的假发售价要超过 1 500 英磅。有趣的是，在英国司法界竟流行这样一种说法：如若一个人假发戴得越久，越老越脏，颜色越深，就说明其资格老。结果导致许多人宁愿忍受生虱子的烦恼，也不会经常换假发。

虽然英国人自己对于法官头上的假发习以为常，并将其视为法律的象征，不过在外人看来，这种装扮实在有点怪异。据说有一次在法庭上，一名出庭作证的少女一看到戴着假发的法官，竟立即被吓得大哭不止。

这次尴尬的事件之后，英国政府专门规定审理涉及青少年案件时必须取下假发。正是对英国人的这种风尚感到别扭，美国第三任总统托马斯·杰斐逊曾讽刺英国法官"像躲在棉絮下面向外窥视的老鼠"。

3. 被革命"割"掉的浮华

总之，到 18 世纪末，欧洲的假发风尚发展到了近乎疯狂的地步。每当出席重大场合时，为了使假发显得好看，人们常常在里面洒上大量假发粉，使其呈白色或斑白的样子。假发粉以加入橙花、薰衣草或鸢尾花根香味的淀粉制成，有时还会加上紫蓝、蓝、粉红、黄等颜色。由于加粉的假发容易掉粉且难以打理，于是又出现了一些以白色或斑白马毛制成的假发，作为日常之用。1780 年代，一些年轻男性甚至流行往自己生长出来的头发上加粉。由于这种时尚是如此盛行，英国政府甚至开始向假发粉征税，这也是一笔可观的收入。

在这股风尚流行期间，由于市场需求的存在，欧洲有不少穷人卖头发去做假发。例如贫穷落后的巴尔干地区的农村少女就往往把头发剪下来卖钱，而法国南部的农村少女也专门培植并销售头发。值得一提的是，当时欧洲有些制造假发的人发是来自美国，例如美国内战时有名女子就曾给媒体写信，敦促所有 12 岁以上的属于南部联邦的女性支持者把长发卖给欧洲，以还清南部联邦的债务。

当然，假发最流行的还要算是法国。在 18 世纪中后期，法国凡尔赛宫中的女性兴起佩戴大而精巧、受人注目的假发。这些假发非常重，包含发蜡、发粉，以及其他装饰品。这种华丽的假发在 18 世纪末成为法国贵族阶层颓废堕落的象征，最终居然促使了法国大革命的发生。而到法国大革命爆发后，这种极端的时尚潮流终于被遏制住了。大革命期间，无数剥削阶级、王公贵族被送上断头台。因此在大革命结束之后，戴假发的风气再也无力回到它的全盛时期了。进入 19 世纪之后，假发变得较小而庄重，也不再代表社会地位，而且只有英国司法界保留了戴假发的习俗。

如今数百年过去了，曾经的假发时尚已成为历史记忆，然而在英联邦国家的司法界仍保持着这种习俗。虽然人们都知道假发不卫生、太热、扎人，甚至有些滑稽可笑，但是要彻底取消它却又很难。2003年，英国曾进行了一次是否取消假发的调查，结果多数资深法官和事务律师希望取消假发，而下级法官和出庭大律师则坚持传统，更有68%的公众希望法官佩戴假发。对此，或许一位著名评论家的话更值得深思："既然假发至少过时一个世纪了，那也不用急着取消。"

八

非同寻常的女人客厅：沙龙影响欧洲200年

想象一下，如果没有电灯、收音机、电视、电脑、手机……我们这些现代人会怎样？我们的精神恐怕会立即陷入巨大的空虚中，没有着落。相比之下，17—18世纪的欧洲人无疑是幸福的，因为他们有一种地方可以去，那就是女人的客厅。那时，许多社会上层的女性利用自己的影响力，在自己的客厅里创办了一种独特的文化活动场所——沙龙。令人不可思议的，尽管当时的女性社会地位并不高，但她们的沙龙却成为欧洲一种特殊的风尚，并对社会产生了深远影响。

不可思议指数：★★★★☆

1. 不可思议的女人客厅

17—18世纪的欧洲几乎就是一个流行大舞台，各种五花八门的风尚不断在这一时期上演。像我们前面提到的假发和后面将要讲的高跟鞋一样，无不如此。不过仔细观察就会发现，这些风尚基本都属于男人的专利。的确，在当时的欧洲，虽然启蒙运动已逐渐兴起，但女性的地位仍很低，更不可能在文化上有什么创造。尽管如此，一些贵族妇女依然能冲出重围，以某种特殊的渠道彰显自己的价值。其中，曾在欧洲风靡数百年的沙龙，正是由女性发扬光大的。

所谓"沙龙"（法语 Salon），原指贵族住宅中的豪华会客厅，后发展成为一种风行欧洲的高级社交形式。有研究表明，虽然沙龙常常与法国联系起来，但它实际上最早起源于16世纪的意大利。当时，意大利的文艺复兴运动正如火如荼，而在那不勒斯国王罗伯特（Robert King of Naples）的宫廷里，就聚集了一大批著名的诗人、艺术家和思想家。据说，罗伯特本人颇有文化修养，著名诗人彼特拉克甚至称赞他是"国王中无以伦比的人物，学识与德行之友"。由于他的热情好客以及包容，使得其宫廷成为远近闻名的社交中心。这里几乎每天都举办宴会以及音乐、舞蹈演出，而宾客们也可以在这里对各种学术问题进行讨论，这也就是沙龙的最初雏形。

进入 17 世纪以后，随着欧洲的经济、政治和文化中心由地中海向西北欧转移，沙龙这种新风尚也开始传播到意大利周边各国，而其中尤以法国巴黎最为突出。值得一提的是，法国第一个沙龙的创办人德·朗布依埃侯爵夫人（Mme. De Rambouillet）本身就有意大利血统。据记载，由于身体孱弱，加上对当时法国宫廷内喧闹的聚会非常反感，这位爱好文学艺术的贵族夫人决心将自己的住所改为适合朋友们聚会的地方。经过一番精心的设计，朗布依埃侯爵夫人改造了自己的房间，而房间内所有的家具都铺上蓝色的天鹅绒，并饰以金和银，因此该房间又被称为"蓝色沙龙"。在 17 世纪三四十年代，侯爵夫人在她家定期举行招待会，从而促成了法国第一个沙龙的诞生。由于她的沙龙内会聚了当时法国最有才学的文人、名流和上层社会的贵妇人们，因此产生了很大影响，并奠定了 18 世纪沙龙的繁荣局面。

在整个 17 世纪上半叶，沙龙作为一种风尚持续在法国蔓延，尤其以巴黎最为鼎盛。当时，巴黎的各界名流常把某位贵妇的客厅变成著名的社交场所，出入的人则有戏剧家、小说家、诗人、音乐家、画家、评论家、哲学家和政治家等。他们志趣相投，聚会一堂，一边呷着饮料，欣赏典雅的音乐，一边就共同感兴趣的各种问题展开热烈讨论，使得沙龙基本上充斥着机智的谈论和漂亮的回应。许多渴望成名的诗人和剧作家想方设法跻身于某个沙龙，然后在那里朗诵他们的新作。而一旦在沙龙里获得声誉，则意味着他们的事业迈出了成功的一大步。

一般来说，沙龙都是定期举行，时间则常选在晚上，参与的人数也不多，并采取自愿结合的方式展开自由谈论，各抒己见。不可思议的是，在 17 世纪沙龙开始发展时，其场所竟然安排在贵妇们的内室中。每当客人们聚齐后，女主人往往身穿精致的内衣坐在床上，或者一边当众梳洗打扮，一边侧耳倾听来客的谈话！到 18 世纪后，沙龙开始从内室转移到客厅里，从而扩大了交往的范围，成为学者和艺术家等上流社会精英的社交场所，使他们获得了一个相对自由的空间。

在整个 18—19 世纪，由于沙龙生活的流行，它逐渐成为上流社会的社交中心。通常来说，一个有名的沙龙往往会由一位出色的女主人如某某公爵夫人或侯爵夫人之类来主持。主持成功的，会博得社会的赞誉，从而名闻遐迩并领导一代的风气。然而做一个成功的沙龙女主人并不是件容易的事，因为她不但要有地位、名望、金钱和排场，更重要的是必须口齿伶俐、多才多艺且擅长交际。她不但要擅长与各种社会名流和文艺界人士交往，还要懂诗歌、通音律、会跳舞、会讲拉丁语乃至希腊语，甚至还要能谈论学术及科学等高级话题。另外，一个沙龙的女主人还要熟悉各种宫廷内幕。作为社交与政治、社会和文化活动的重要场所，沙龙既是重要的学术和艺术的中心，同时也是引导新思潮和新风尚的活跃场所。只有这样，她的沙龙才能吸引各路大腕儿，例如法国作家莫里哀（Moliere）和夏多勃里昂（Chardonnay White Lyon）、启蒙思想家伏尔泰（Voltaire）和卢梭（Rousseau）、德国诗人歌德（Goethe）、席勒（Schiller）、海涅（Heine）等大名鼎鼎的人物，甚至连法国著名的太阳王路易十四、普鲁士国王腓特烈大帝（Frederick the Great）都曾对某位贵夫人的沙龙趋之若鹜。

知识链接　　　　　　　　**腓特烈大帝**

腓特烈二世（Friedrich II，1712—1786 年），普鲁士国王（1740—1786 年在位），史称腓特烈大帝，军事家，作曲家。统治时期普鲁士军事大规模发展，领土扩张，文化艺术得到赞助，使普鲁士成为德意志的霸主。腓特烈二世是欧洲历史上最伟大的统帅之一，在政治、经济、哲学、法律，甚至音乐等诸多方面都颇有建树。

当沙龙成为流行整个欧洲的高级风尚时，无数上层社会的女性便为之疯狂了，尤其在沙龙最发达的法国更是如此。毫不夸张地说，对于18世纪的法国年轻贵族女性而言，拥有一个沙龙几乎就是她们最高的梦想，而她们所主持的沙龙的兴盛程度远远比自己婚姻的幸福程度更重要。她们之所以结婚，只不过是为了获得一个合理的身份，然后拥有自己的沙龙。之后，她们几乎不关心家务事，反而把全副身心都投入到沙龙活动中，似乎沙龙的成败远比家庭生活的幸福更加重要。在当时的法国，几乎所有著名的沙龙都各有特色。例如，正是在埃皮内夫人（Epinay）的沙龙里，法国"百科全书派"的启蒙思想家们得以聚集在一起，讨论文学、科学、美学和时事政治等社会问题。

2. 法国沙龙玩转整个欧洲

由于众多上层女性促成了18—19世纪沙龙的兴盛，因此这两个世纪又被称为"女人的时代"。也正是借助于沙龙这一载体，它的女主人们广泛地参与到欧洲社会生活的方方面面。在那个妇女地位极其低下的时代，沙龙帮助她们创造了一个个奇迹，这里不但是当时欧洲上层社会文化生活最集中的场所，左右着一个时代的思潮与风气，甚至在实际生活中左右着欧洲的局势。特别是在法国，可以毫不夸张地说，当时沙龙已逐渐成为法国上流社会的中心，主持沙龙的女主人甚至被视为巴黎的无冕之王，其影响力渗透到了社会生活的各个领域。

下面我们就认识18世纪两位著名贵族妇女的沙龙，从中就可以感受到当时这种风尚在上流社会的巨大影响。

1692年，一场盛大的婚礼在巴黎上演，新娘子是出身于显赫世家的安妮·路易·本奈狄克特，在嫁给了杜·曼伯爵之后，她的称呼便改为了杜·曼伯爵夫人（Countess De Man）。与很多贵族女性一样，杜·曼伯爵夫人也创办了自己的沙龙，而作为当时法国最著名的沙龙，她的沙龙堪称是"奢侈"和"享乐"的代名词。

据记载，就在杜·曼伯爵夫妇新婚第二天一大早，就有众多巴黎最有名望的社交人士前去新房拜访。令人不可思议的是，当时这对年轻的夫妇还躺在床上。就在这样一种特殊的氛围中，杜·曼伯爵夫人的沙龙正式向社交界开放了。此后的每一天，从一大清早开始，她的卧室就变成了一个沙龙。在众多男人的注视下，这位娇小的美妇人缓缓拉开床帘，然后伸展筋骨，摇铃铛召唤仕女，最终换上漂亮的连衣裙。之后，她又开始梳洗打扮。而这时，众多等待在客厅里的社会名流也来到伯爵夫人的梳妆间。他们环绕在正做发型、涂脂抹粉的伯爵夫人周围，开始热烈谈论当日的各种新闻。从他们的谈话中，伯爵夫人已经对社会上刚刚发生的一切了如指掌。而当完成化妆这道烦琐的工序后，杜·曼伯爵夫人就开始表演了。她与宾客们谈笑风生，口若悬河，对各种话题都能发表独特的见解。

为了使自己的沙龙显得更加与众不同，杜·曼伯爵夫人又搬到位于乡间的奥赛庄园居住，而众多沙龙中的常客也纷纷前往那里集合。每到晚上，奥赛庄园的所有厅堂都亮起耀眼的灯光，在宁静偏僻的乡间显得格外耀眼。尽管白天这里还是一派田园风光，但在晚上，杜·曼伯爵夫的沙龙丝毫不亚于凡尔赛宫。客人们或是穿着华丽的宫廷礼服在室内跳舞，或是参加伯爵夫人准备好的各种游戏节目，或是欣赏庄园的小舞台上演出的戏剧，甚至一起探讨科学问题，用望远镜观测天象，用显微镜观察地上的生物……毫无疑问，作为当时著名沙龙的主人，杜·曼伯爵夫人本身就是一位颇具才华的女人。据说她可以阅读原版的维吉尔的著作，热爱希腊悲剧和哲学，对多门科学都有所了解，而且富有语言天赋，能够把一首平淡无奇的田园牧歌润色成流畅自然、抑扬顿挫的佳作。而从她的沙龙中，还走出了好几位法兰西学院院士。由于她的沙龙是如此充满趣味，以至于一位客人曾说，怀表提醒人时间，而伯爵夫人则使人忘却时间。

相比之下，18世纪法国另一个著名沙龙的主人——夏特莱侯爵夫人（Chatelet Marquise），其风格则与杜·曼伯爵夫人完全不同。

在沙龙历史上，夏特莱侯爵夫人堪称女主人中的异类。作为启蒙主义大师伏尔泰 20 年的知己，她并不像一般的沙龙女主人那样热爱文艺，反而专攻女性极少涉猎的数学和物理学。由于她毕生对学术研究的热衷，因此又被称作"女伏尔泰"。

投石党之乱

投石党之乱（1648—1652 年）指发生在路易十四继位初期的两次大规模群众运动，取名于当时巴黎街头儿童恶作剧的玩具——投石器。路易十四登位之初，太后安娜摄政，太后的宠臣枢机主教马扎然任首席大臣。当时，为了偿还战争欠下的巨款，马扎然大肆盘剥，激起了民愤。1648 年 4 月马扎然颁发敕令，停发 4 年各地高等法院法官俸禄，遭到了各地法院的抗议。法院要求实行君主立宪政府，削弱国王和首相的权力。在遭到皇后镇压后，激起了更大规模的群众运动，路易十四母子被迫逃往巴黎郊区。危难关头，幸亏孔代亲王率军护驾，才使国王和皇后度过危机。这场运动史称"第一次投石党之乱"（the Fronde of the parlements）。之后，居功自傲的孔代亲王与马扎然为争夺地位而再度起兵反叛，爆发了"第二次投石党之乱"（the Fronde of the nobles）。孔代占领巴黎，路易十四和皇后再次逃亡。两次暴乱和流亡生活给年少的路易十四留下很深的心理阴影，亲政后的路易十四一直把掌握绝对权力视为政策的中心。

与杜·曼伯爵夫人的沙龙类似，夏特莱侯爵夫人的沙龙也设在乡间，那是一个叫希瑞的小地方。不过与奥赛庄园的宫廷气息不同，这个地方只有一座单层的家居小房子，周围则是群山、原野和森林。在沙龙的规模上，夏特莱侯爵夫人的每次沙龙聚会一般只有五六名客人，其中还包括长期居住在这里的伏尔泰。由于二人共同的兴趣和对知识的渴求，伏尔泰对侯爵夫人的爱情持续了 20 年之久，直到她去世。据记载，这个沙龙的学术气氛很浓，前来参加的都是著名科学家、学者和大诗人。他们的谈话范围广泛，几乎无所不包。在沙龙晚宴上，伏尔泰经常会朗诵自己的诗歌和戏剧作品，有时还会即兴作诗，而夏特莱夫人则在旁边对他的诗歌评头论足。

除了在文化领域内产生巨大影响外，18—19世纪的沙龙还在欧洲的政治生活中扮演着重要角色。尤其是在沙龙最发达的法国，有好几次内乱几乎都与沙龙有关，甚至路易十四时期著名的"投石党之乱"也是在沙龙里酝酿的。而在18、19世纪之交，随着法国大革命的爆发和拿破仑政权的建立，沙龙又担当起了"革命推进器"的职能。在这20年间，很多沙龙的女主人甚至甘愿冒着被送上断头台的风险，开始担任政治党派的重要领袖，投身到轰轰烈烈的革命大潮中。例如拿破仑时代著名的沙龙女主人斯泰尔夫人（Staehr），她原本是一位拿破仑的狂热崇拜者，然而由于拿破仑对这位夫人的冷漠和轻视，使其愤而走向另一个极端。她充分利用自己的影响力，把自己的沙龙变成了支持叛乱的强大舆论中心，据说就连拿破仑本人都曾为自己当初的轻率后悔不已。

3. 余晖：20世纪初的女性沙龙

虽然18、19世纪之交的沙龙女主人们拥有了前所未有的影响力，但在时代大背景下，沙龙作为一种社会风尚已悄然走向衰落了。实际上从沙龙逐步走向兴盛的过程就可以看出，只有宁静舒适的环境，才能产生优雅而精致的沙龙文化。一旦社会发生剧烈动荡，它的社会基础也就不存在了。此外，在经过启蒙主义运动的洗礼后，随着知识分子群体的日益壮大，女人那小小的客厅已经容纳不下他们了，而报刊等现代舆论工具的出现，又进一步埋葬了沙龙。进入20世纪后，由于宫廷文化的逐渐消失，沙龙鼎盛时期也宣告结束了。

尽管如此，在20世纪初，欧洲的沙龙风尚仍上演了最后的辉煌。

20世纪早期，欧洲还残留着三个最著名的沙龙，它们分别坐落在英国伦敦的布鲁姆斯伯里、法国巴黎的花园街27号和雅各布街20号。与前一个时代一样，这三大沙龙的掌门人都是女性，其影响力则主要体现在文学艺术领域。

布鲁姆斯伯里是伦敦市中心著名的文化区，这里汇聚了大英博物馆、伦敦大学等著名文化机构，而著名的布鲁姆斯伯里文化沙龙（Bloomsbury Group）就诞生于此。沙龙的女主人是斯蒂芬·凡奈莎和斯蒂芬·弗吉尼亚姐妹俩。经过她们的苦心经营，这个沙龙吸引了大批文艺界人士，在当时整个欧洲都产生了巨大影响。据说，每当沙龙活动时，姐妹二人身穿白衣白裙，戴宽檐帽，手持阳伞，其美丽动人的风采打动了无数人。由于姐妹俩的特殊魅力，使得她们的沙龙了聚集了一大批大英帝国的天才：小说家福斯特、美学家罗杰·弗莱、哲学家伯特兰德·罗素、传记作家利顿·斯特雷奇、经济学家凯恩斯、诗人艾略特、画家邓肯·格兰特……他们众星捧月般地围绕着女主人，在这里彻夜长谈，从而演绎了欧洲传统沙龙那令人回味的余晖。

知识链接

娜塔丽·巴涅

娜塔丽·巴涅（Natalie Barney），法国女作家，1876 年 10 月 31 日出生于美国俄亥俄州戴顿市一个富有的家庭中，父亲是铁路大亨和银行总裁，母亲是一位崇尚自由的画家。1902 年，娜塔丽以美国侨民的身份在巴黎永久定居。她能讲一口流利的 18 世纪的法语、德语和意大利语，写得一手热烈颓废的诗歌，弹奏一手缠绵的小提琴，再加上精良的骑术，热爱时尚的娜塔丽成了那个时代最受青睐的女性。她的左岸文学"星期五沙龙"成为 20 世纪巴黎最著名的文学沙龙。她一生留下了无数的诗文，出版过 12 本书；作为灵魂人物，她出现在无数的回忆录中；以她为主人公的小说至少有 6 部。

有趣的是，虽然沙龙一向是法国人的骄傲，但这时巴黎最著名的那两个沙龙却都是由美国人创办的。花园街 27 号沙龙的主人是著名美国女作家格特鲁德·斯泰因（Gertrude Stein，1874—1946 年），她主持的艺术沙龙堪称当时文艺界的先锋。在二战前后的 30 多年里，这里曾吸引了众多大名鼎鼎的文学艺术天才，先是毕加索、马蒂斯、塞尚、布拉克，接着是舍伍德·安德森、菲茨杰拉德、庞德、海明威。雅各布街 20 号沙龙的女主人是娜塔丽·巴涅，她出生于美国俄亥俄州，1909 年才来巴黎定

居。她的沙龙充满了 18 世纪的贵族气息，布置优雅时髦，织毯装饰的墙壁、丝绒铺的桌子、金框的镜子，还有一架大钢琴。而在这个沙龙里，同样不乏显赫的名字，例如普鲁斯特、詹姆斯·乔伊斯、里尔克等都曾是女主人的座上宾。最令人不可思议的是，从 1909 年开始，沙龙竟不间断地持续了 60 年！不过总体上讲，在第一次世界大战后，尽管欧洲仍有个别沙龙在活跃，但曾经风靡一时的沙龙风尚已彻底退出了历史舞台，取而代之的是更为大众化的咖啡馆社交。

九

别扭的脚步：17 世纪欧洲男人爱穿高跟鞋

在当今国际政坛上，法国总统萨科奇无疑显得非常另类，其言行举止屡屡成为舆论的话题。有趣的是，由于身材矮小，每当他出国访问发表演讲或是与人合影时，为了掩饰身高带来的尴尬，手下人往往要悄悄在他脚下垫上几块砖头。其实萨克奇完全不必介意，因为在历史上，他的许多前辈同样身材不高，如路易十四、拿破仑等，不过人家就有增高的妙招，那就是穿高跟鞋。不可思议的是，虽然现在高跟鞋似乎属于女人的专利，但在 17 世纪，男人穿高跟鞋却是欧洲社会的一种时尚。

不可思议指数：★★★★☆

1. 女人的发明成果被男人利用了

在绝大多数人看来，高跟鞋毫无疑问属于女人的专利。然而令人不可思议的是，曾经有那么几百年的时间，高跟鞋是与男人紧密联系在一起的。尤其是在 17 世纪，欧洲上流社会的男子一度盛行穿高跟鞋，并将其视为一种值得炫耀的资本。

据说早在古埃及时，人们就发明了用纸莎草制成的高跟鞋。有趣的是，那时候只有法老和王室成员才能穿平底鞋，即便是法老的夫人，也只能光着脚走路。后来随着社会经济的发展，一些富裕的农民在鞋子后跟多加了不少莎草，以便在松软的土地上行走时让鞋后跟起到支撑作用，这就是最古老的高跟鞋。至于欧洲，直到古希腊罗马时期，上层人才开始穿鞋。在古罗马，鞋子上还出现了绣花、链子、花环和金属装饰物等。政府同时规定，良家妇女必须穿不露脚的鞋，而妓女必须穿露脚的鞋。虽然当时也出现了高跟鞋，但那些鞋子实际上是高底鞋（Italian chopine），通常只在舞台上出现。是一些剧作家为了表明剧中人物的社会地位而采用的好办法。那个时代的戏剧表演中，人物等级越高，鞋就越高。

到中世纪以后，高底鞋进一步成为社会地位的象征。而在文艺复兴时期，当时男性流行穿方头鞋，而在有钱人家的妇女、朝臣、妓女中则流行高底鞋。这种鞋子可能从土耳其传入，特征是超平、高底，最初流行于 16 世纪时的意大利，后来在英、法等国也开始流行，据说当时有的鞋底高度甚至能达到 18 英寸（约 46 公分）的鞋。显然，如果穿上这种变异的"高跟鞋"，人们几乎无法走路，而只能成为一种身份地位的象征，因此大体上只有王公贵族穿它。后来，为了解决穿上这种鞋后的行走问题，一些人开始摸索新的设计，于是便在 16 世纪时出现了真正意义的高跟鞋。

据有关人士考察，真正意义上的高跟鞋诞生于 16 世纪的意大利威尼斯。传说当时有一位威尼斯商人由于生意上的原因经常要出门。在外边的日子，他最担心的就是他的妻子会出去和别人约会。某个下雨天，他去会见一个生意上的朋友。走在泥泞的街道上，鞋后跟难免要沾上许多泥巴，因而只觉步履艰难。该商人由此深受启发：威尼斯是一座水城，船是最主要的交通工具，如果制成一种高跟鞋让妻子穿上，她将无法在跳板上行走，这样就可以把她困在家里，免得出去风流。随后，他立即请人做了一双鞋跟很高的鞋。出人意料的是，当商人的妻子穿上这种高跟鞋后，顿时感到新奇无比，不但没被困在家里，反而整日由女佣陪伴到处游玩。在围观者的眼中，只见那女人在高跟鞋的衬托下显得更加婀娜多姿、仪态万千。羡慕之下，威尼斯那些追求时髦的女士看到了无不争相效仿，而高跟鞋很快便在意大利盛行起来。

1533 年，由于一桩王室婚姻，高跟鞋又从意大利传播到法国。这一年，统治佛罗伦萨的美第奇家族与法国王室联姻，该家族的公主凯瑟琳·美第奇（1519—1589 年）嫁给了法国的奥尔良公爵（即后来的亨利二世）。临行前，身材娇小的凯瑟琳为了使自己在婚礼看起来高一些，便随身带了几双高跟鞋。没想到在抵达法国后，一向以时尚著称的法国人一看到凯瑟琳的高跟鞋，立即大为倾倒。随着法国宫廷开始流行穿高跟鞋，这股全新的风尚又迅速蔓延到整个欧洲上层社会。还有一种流传已久的笑话说，高跟鞋之所以能在 17 世纪中期风靡欧洲大陆，是当时人口越来越稠密，城市街道上的马粪越来越多，于是刚刚发明的高跟鞋便因其实用价值而大为流行。

不管怎样，自从 16 世纪出现以后，高跟鞋很快就成为欧洲时尚界的新宠。而令人不可思议的是，这种原本应该属于女人的时尚，竟迅速被男人独占了。16 世纪后期，人们发现高跟鞋外出骑马时能踩紧马镫，于是高跟鞋又深受高级军官们的喜爱。很快，高跟鞋成为整个男性贵族和上流社会的时尚玩意。而根据有关规定，当时只有男性才有穿高跟鞋的权利，高跟鞋对于女性是禁区。不仅如此，王室还颁布法令，按人的等级确定其鞋跟的高度，这就意味着只有王室成员才能穿鞋跟最高和最漂亮的鞋，以严格地区别于其他等级的人。

17 世纪的欧洲之所以会出现这种男人喜欢高跟鞋的风尚，也与当时的服饰潮流有一点关系。当时，男性服饰开始转向"阴性柔美"的形式。至于鞋子，那些五大三粗的男子居然喜欢上面装饰有缎带、蔷薇花造型的高跟鞋。这种男款高跟鞋一开始鞋跟并不高，而且多漆成红色。到 17 世纪中期时，鞋面的造型上居然出现了由华丽的丝带扎成的蝴蝶结！

在这股怪异时尚流行期间，热衷于穿高跟鞋的男人几乎都是权贵阶层。例如 17 世纪中后期的英国国王查理二世（1630—1685 年），此人号称"快活的君王"，其脚上穿的高跟鞋面上总是缀着丝绣的玫瑰花。受国王的影响，当时英国的显贵们竞相在高跟鞋的豪华和色彩上攀比。

2. 让"太阳王"更高些吧

相信每一个读过近代法国历史的人都会感慨，这个国家真无愧于欧洲时尚的缔造者。虽然高跟鞋最早出现于意大利，但却只有法国的男人们能将其作为一股风尚发扬光大。而将这种怪异风尚推向顶峰的,无疑是"太阳王"路易十四(Louis－Dieudonné,1638—1715年,1643—1715年在位)。

路易十四4岁登基,22岁开始亲政。1643—1715年,他率领法国军队与欧洲的几乎所有国家打了四场大仗,建造了凡尔赛宫。在他的统治下,无论是政治、经济、军事还是文化方面,法国都堪称当时欧洲的中心。可是尽管取得了如此多的成就,路易十四仍然存在一个巨大遗憾——他的身高。据记载,这位国王虽然气度不凡,但他的身高只有1米54,这对于欧洲人而言的确有些尴尬。而对于被誉为"太阳王"的路易十四来说,无论是在本国臣民还是在外国使节面前,必须保持自己至高无上的威严。更何况,外形风流倜傥的路易十四除了勤勉国政,还对时尚有很强的敏锐度呢。史料上说,路易十四喜欢修长高挑的服装融合以灰、米、白为主的稳重色系,然后用艳色点缀图案或几何。他涂白粉化妆、喷香水、戴白色假发、穿高跟鞋,总之是爱美到了极点!他还常召裁缝进宫,与裁缝师大谈服装观点,并要求裁缝依照所述制作新装。就如同时装设计师一样,不同的是他不画设计图。于是,法国的贵族大臣们纷纷模仿路易十四的装扮,一时之间弄得整个宫廷阴气逼人。

最终,于是为了解决身高问题带来的苦恼,路易十四想出了不少妙招儿。他头戴一顶高耸的假发,足蹬一双高跟鞋。虽然当时法国许多贵族男子都穿高跟鞋,但肯定无法与路易十四的相比。据说为了使自己看来更高大威武、更具自信和权威,路易十四竟让鞋匠为他的鞋装上了12.4公分高的鞋跟,并把跟部漆成红色以示其尊贵身份。每逢特殊场合,路易十四就穿上他那双用软木做的12.4公分高的高跟鞋,上面装饰着各种表现法军战斗胜利的袖珍画像,而他那高跟鞋的红色后来就成为象征着贵族身份的颜色。

作为当时的时尚经典的领导者,路易十四总能走在整个欧洲的前列。他对高跟鞋的喜好,不但影响到本国的贵族,甚至流行到欧洲其他国家。

例如英国国王詹姆斯二世与他的朝臣就受到影响，一窝蜂学着穿高高的红跟皮鞋。在整个 17 世纪，欧洲上流社会男子穿高跟鞋的风尚一直持续上演。直到路易十四时代结束后，由于男人们普遍厌恶了高跟鞋，并慷慨地将这种特权转让给了女人。

3. 女人夺回了专利

在我们现代人的观念中，高跟鞋这东西理应属于女人专有。但在实际上，女人得到穿高跟鞋的权利还真不容易，这个过程就好像男女之间的一场拔河比赛，持续了上百年的时间。例如在《百年靴鞋》这本回顾世纪时尚的书中，居然有这样一段关于高跟鞋的引述："在 17 世纪，英国议会通过了一项惩治法令：'任何妇女通过运用高跟鞋或其他方式而引诱女王殿下的臣民与其成婚者，将被以巫术罪论处。'"也就是说，在男人们热衷于穿高跟鞋的时代，由于其被视为权力的象征，因此严禁女性穿着。只是在路易十四时代结束后，个别女性才有机会体验一下穿高跟鞋的美妙感觉。

最终，只有地位很高的一些贵族妇女才有胆量从男人那里夺取穿高跟鞋的权利。因为她们发现，穿上高跟鞋不但使身材高挑，而且体态也变得优雅婀娜。由于这时的高跟鞋有 3 寸高，鞋身相当细长，鞋跟与鞋底连成一体，刚开始束腰的女士们穿着它只有依靠手杖才能行走，后来高跟鞋渐渐在贵族舞会中风行。即便女性能被允许穿上高跟鞋，也基本上是跟随男性鞋子的样式。另外，这一时期的贵族女性虽然也流行穿高跟鞋，但大多是在室内穿的高跟拖鞋。而在户外旅行、骑马时，则基本上穿由天鹅绒缎子或西班牙皮革材质制成的中筒靴。

到 18 世纪末期，由于法国大革命的爆发，女性穿高跟鞋的行为再度被严厉禁止，并一直持续了 50 年。那时，出现了类似现代芭蕾舞鞋的女士软底鞋。受革命浪潮的影响，整个欧洲都倡导简约生活方式，知识界都强烈地反对对健康有害的女子束胸和又高又窄的高跟鞋。无奈之下，穿行于巴黎街头的女士们都开始留短头发、穿平底鞋。直到拿破仑二世当上皇帝后,在他的倡导下,女性才再度有机会穿上高跟鞋。也就在此时,男士基本上对高跟鞋彻底失去兴趣。

知识链接　　　　　　　拿破仑二世

　　拿破仑二世,全名佛朗索瓦·约瑟夫·查理·波拿巴(Napoleon II, Franç ois Joseph Charles Bonaparte, 1811—1832 年),是拿破仑一世(拿破仑·波拿巴)与他的第二位皇后玛丽·路易莎之子,生于杜伊勒里宫。他出世后即被封作"罗马王",为拿破仑一世法兰西第一帝国皇位的继承人。拿破仑一世失败后,波旁王朝复辟,拿破仑二世被母亲带到她位于帕尔马的领地,后来又被送到维也纳他的外祖父神圣罗马帝国皇帝弗朗茨二世(即奥地利皇帝弗朗茨一世)那里,他的封号也先后被改为帕尔马亲王和莱希斯塔德公爵。然而拿破仑的支持者依然称他为"拿破仑二世"或是"罗马王",尽管他实际上并没有真正继承皇位。1832 年长期被疾病折磨的拿破仑二世在维也纳去世。

　　进入 19 世纪以后,高跟鞋基本变成了女人的专利,其样式也是层出不穷。例如在《百年靴鞋》中就提到:"在 19 世纪,新奥尔良的一个高等妓院雇了一个穿着高跟鞋的法国姑娘。这高跟受到客人的异常喜欢。这家妓院的老鸨凯西开始直接从巴黎进口'法国跟'给其他姑娘穿。'我们发现当这些姑娘们穿着这些高跟鞋装模作样地走来走去时,我们可以多收一倍的钱'。凯西在她的日记中写道,'它使女人的屁股看起来充满了性感。男人们一看到她们就着了迷。他们喝得更多,付得更多,呆得更长,来得更勤。'"随着这种风尚的发展,高跟鞋逐渐传播到世界各国。

十

美丽的陷阱：中世纪贵族的情妇热

自从人类进入文明时代以来，大多数社会都坚持一夫一妻制，虽然纳妾及包养情人的现象从未绝迹，但毕竟从法理上为主流社会所不容。不过，如果时光倒流三四百年，情形就完全不同了。那时候的欧洲各国上层社会中，公开追逐情妇成为一种流行风尚，丝毫不受道德的谴责；那时候，但凡有些地位的人士，如果没有情妇，那简直是难以启齿的悲哀。至于他们的妻子，倒彻底沦为了摆设。

不可思议指数：★★★★☆

1. 骑士们的疯狂爱情

众所周知，自从人类历史进入文明时代以来，大多数社会都坚持一夫一妻制，虽然纳妾及包养情人的现象从未绝迹，但毕竟从法理上为主流社会所不容。然而令人不可思议的是，曾经有数百年的时间，在欧洲各国上层社会中，却允许情妇现象公开存在，并一度成为王公贵族们冠冕堂皇的婚姻补充。那时，但凡有些地位的人士，如果没有情妇，那简直是难以启齿的悲哀。至于国王们，则干脆拥有多名"官方"情妇。

提起西班牙作家塞万提斯（Miguel de Cervantes Saavedra）的《堂吉诃德》（Don Quixote），恐怕很多人都有所耳闻。这部诞生于 1605 年的名著，全名为《奇情异想的绅士堂吉诃德·德·拉·曼却》，共 2 卷，主要描写一个瘦弱的没落乡绅堂吉诃德因迷恋古代骑士小说，竟像古代骑士那样用破甲驽马装扮起来，以丑陋的牧猪女作为美若天仙的贵妇崇拜，再以矮胖的农民桑丘·潘萨作侍从，三次出发周游全国，去创建扶弱锄强的骑士业绩，以致闹出不少笑话，到处碰壁受辱，被打成重伤或被当作疯子遣送回家。就连一位没落的小乡绅都热衷于追求情妇，也就不难想象当时这种弥漫于整个欧洲社会上层的风尚是何等畸形了。

实际上在这种风尚刚刚兴起时，原本是具有较高品味的，而引领这种风尚的则是所谓的骑士精神。令我们许多现代人难以理解的是，在中世纪，骑士们都曾狂热地追逐自己的爱情，但他们的爱情绝对不是为了走向婚姻，恰恰相反，一旦婚姻成为现实，那么爱情将立即宣告结束。这是什么逻辑呢？

原来自十字军时代结束后，曾经崇尚武力的欧洲骑士开始依附贵族宫廷而生活，所以便将注意力转向讲究礼仪和风度。当时，女主人在宫廷中经常扮演重要的角色，成为前来依附的骑士所崇拜的对象。而且骑士从小在贵族家庭中长大，很多的教育是由女主人安排，由此无形中形成一种对高贵女性的崇拜，这也是对当时无爱情婚姻的补充。毕竟在一般情形下，骑士们都是为了利益而结婚的。而为了满足精神的需要，在正常婚姻之外寻找精神的依托，自己所崇拜的女主人自然成为他们追逐的对象。这种爱情的独特之处在于：其中包含着效忠观念，但并不追求平等，更不以婚姻为目的，历经艰难也无所谓。在当时人们的观念中，贵妇人是女性的典范，如果一名骑士能得到其垂青，就会变得有修养，符合作为上层人的规范。当时的许多文学作品纷纷透露出这样一种信息：爱情是男人自我实现的一种方法，不经历爱情很难成熟。而要实现这种成熟，最好的方法是与那些已婚妇人的恋爱。于是为了获得情感方面的满足，骑士们需要付出极大的努力去赢得所爱的对象的爱，或是用诗，或是用歌，或是用武艺，或是用其他所能想到的、最能取悦女人的方式。

可以说，骑士精神和宫廷爱情是中世纪欧洲突出的文化现象，它们在很大程度上共同创造了中世纪欧洲文化的辉煌，而这种文化传统的许多方面便渗透到后来欧洲社会的各个方面。比如，在西方，男士们通常都会请"女士优先"，或对她脱帽致礼，或在餐桌前为她移动座椅。这些在他们看来理所当然的习俗，其实就源于中世纪的骑士精神。因为在中世纪，上层社会流行着这么一种观点：爱情是一种道德思想力量，能使人变得高贵。如果一个低阶层的浪漫英雄爱上一个伟大的女士，他就要努力奋斗以求配得上她。在这方面，他要克服的不是世俗的羁绊，不是所爱对方的丈夫，而正是她那高贵的等级。社会舆论一致公认，追求爱情的过程也就是骑士升华自己的过程，因为如果一位骑士爱上了一位女士，他就会因此而变得更加优秀。就如同对自己的领主一样，骑士精神同样要求对情人永远地忠诚。而骑士在追求高贵的夫人时，往往以能够作为她的仆人而满足，正如一首情歌里所唱的，"高贵的女郎，我不要求什么，只求让我作你的仆人。无论报酬是什么，我都会好好地待你，如同一位好主人一样"。

有趣的是，在那个时代，骑士一旦被其情人接受后，双方还会举行一个正规的仪式，并且与附庸对领主效忠仪式极为相似。首先，骑士跪下来，把双手紧握放在他的女士手中；随后在证人及圣物面前宣誓他将忠诚地为她尽忠，直到死亡，捍卫她的名誉，保卫她免受所有恶意的攻击。这位女士接受了骑士的忠诚宣誓后，答应给予他最温柔的感情，并把一枚戒指戴在他手上，然后吻一下，扶他站起来。这样，骑士对其女士的忠诚就如同附庸对其领主的忠诚一样，包括听从贵妇的命令，冒一切的危险和受一切的折磨。

想当年，在骑士风尚最盛行的年代，作为恋爱一方的骑士往往会发疯似的爱上一位贵妇人，甚至不知道这位贵妇人的名和姓，就可以把自己征战所获得的一切都献给她，也可以为她牺牲自己的一切。但是，在贵妇人一方，却往往以高傲的和冷冰冰的态度来对待这一切，甚至那位骑士已经为她历经磨难而她全然不知或不屑一顾。欧洲曾经流传这样一个"浪漫骑士"的故事：故事的主人公名叫尤瑞奇，他12岁时就选择了一位贵妇人来奉献自己的爱，并设法成为她宫廷里的一名扈从。在疯狂之爱的驱使下，他激动地触摸她摸过的东西，有时甚至把她的洗脚水偷偷喝掉，但换来的却是女主人斥责他放肆无礼；他矢志不移，经受了这位女士的百般刁难，甚至砍下自己的一个手指装在绿色天鹅绒盒子里送给她，这样换来的也只是她答应时常看看这一手指的允诺；他一路征战，四处建功，但获得的也只是女主人允诺他扮作麻风病人和乞丐一起见她一面……

以上这些不可思议的爱情游戏，无疑是欧洲中世纪特定历史环境下的产物。而所谓的骑士式爱情，更反映了一种奇怪的、畸形的社会现实。在中世纪的欧洲，上层社会长期流行婚姻与爱情分离的观念，即二者平行共存、互不矛盾。因此，爱情不可能在婚姻中存在，它只能在婚姻之外。根据骑士式爱情的法则，婚姻和爱情根本就是两回事，婚姻的缔结就意味着爱情的结束。随着时代的发展，这种畸形的爱情游戏又受到了更高级的贵族们的青睐。

2. 不可思议的皇家情妇

14 世纪之后，欧洲的王公贵族几乎无不沉溺于追逐情妇的风尚。这背后最主要的一个原因，就是他们的婚姻大多缺乏爱情。对于当时的贵族而言，所谓的婚姻，往往只是利益的交换，有些则是出于政治的考虑。于是为了寻求精神上的满足，许多国王竟带头玩婚外情，并将其情妇提到很高的地位，因此这类情妇便被戏称为"皇家情妇"。

有据可查的第一位"皇家情妇"出现在 14 世纪中期的英国，她的名字叫爱丽丝·派瑞丝。据英国官方史料记载，派瑞丝是英王爱德华三世晚年（1312—1377 年）的情妇。由于得到国王的极度宠爱，这个爱财如命的女人不断要求赏赐，无论是房子、土地还是珠宝首饰，她都贪得无厌地索取。甚至在老国王弥留之际，派瑞丝还肆无忌惮地从其手指上捋下一枚价值连城的戒指。不过在爱德华三世驾崩后，原本就对这个女人无比愤怒的议会立即下令没收其全部财富，其中竟包括 21 868 颗珍珠！

自从爱德华三世开创了这股风气后，许多英国国王都热衷于公开豢养情妇。最典型的莫过于那位革命之后复辟的查理二世了。当克伦威尔领导的革命者将查理一世送上断头台后，落魄的王子曾长期过着颠沛流离的生活，直到 1660 年才幸运地返回英国，复辟王室的统治。尽管如此，这位风流皇帝的情妇事业却依然红红火火地发展。就在他 1660 年登基那年，一位名叫芭芭拉·帕末尔（Barbara Villiers）的红发女郎便公然侍立在御座旁。当他们的私生女于 9 个月后出生时，慷慨的查理二世又册封芭芭拉为"卡索曼女伯爵"。或许是年轻时吃了太多的苦，晚年的查理二世极力在风月场中补偿自己。据记载，他先后在王宫中公然豢养了多名情妇，以至于一些批评者将其后宫比喻为"乱哄哄的鸡窝"。

不过在当时的法国人眼里，英国人显然太"小气"了，因为在法国以浪漫著称的国度中，除了国王之外，似乎所有的男人同样懂得怜香惜玉。例如在英法百年战争期间，法国国王查理七世（1403—1461 年）居然任命他的情妇阿格内斯·索瑞尔女士为国家安全顾问。由于对这名情妇是如此百依百顺，原本性格懦弱的查理七世竟罕见地鼓足勇气，率领军队打败了英国。据记载，查理七世相貌丑陋，身材矮小，还是罗圈腿，所以在得到青春貌美的情妇索瑞尔之后，几乎成天与其厮混在一起。而当索瑞尔因病去世后，查理七世不仅为她举办了奢华的葬礼，还公开发布命令册封其为女公爵。

知识链接 **百 年 战 争**

百年战争是英国和法国于 1337—1453 年的战争。1328 年，查理四世去世，法国卡佩王朝绝嗣，支裔瓦卢瓦家族的腓力六世继位，英王爱德华三世以法王查理四世外甥的资格，与腓力六世争王位，触发战争。1337 年 11 月，英王爱德华三世率军进攻法国，战争开始。1453 年 10 月，驻波尔多英军投降，除加来外，法国领土全部收复。至此，百年战争以法国的胜利而结束。

到 16 世纪以后，受文艺复兴运动中许多新思想的影响，天才的法国王室创立了一种名为"官方皇家情妇"的头衔，从而将欧洲的情妇之风推向了高潮。当时，由于全社会文化水平的提高，妇女的社会地位也比从前有所提高。与此同时，思想较为开放的法国宫廷开始重视女人的智

力和能力。于是，在法国居然出现了大众羡慕和模仿皇家情妇的潮流。当时，法国的贵族经常举办舞会，而其目的除了私下商讨宫廷事务之外就是追逐情妇。结果令人不可思议的是，在16—18世纪，法国的皇家情妇居然一度与宰相平起平坐，这些国王的高级"二奶"不但有合法的头衔和薪水，还充任国王的私人顾问。就如同当今许多国家的"第一夫人"所做的一样，皇家情妇还热心各种公益文化事业。自从法王法兰西斯一世（1494—1547年）首创"官方皇家情妇"的头衔以来，在200间，法国的这一小撮女人便一直发挥着举足轻重的影响。例如，16世纪末期，亨利二世（1519—1559年）曾有一位名叫黛安·德·波蒂耶（Diane de Poitier）的情妇，她不但被任命为法国议会议员，甚至堂而皇之地参与制定法律、起草税收案，有时居然与国王同时在官方法令上联合署名"亨利黛安"。而那位被刺杀身亡的亨利四世国王（Henry IV，1553—1610年），则干脆请他的情妇加布丽耶·德·爱丝瑞斯（Gabrielle de Estrees）出面接见外国使节。

文艺复兴之后的数百年间，法国一直是欧洲各种风尚的引领者，法语一度成为欧洲上流社会的通用语言。既然人家法国的国王们拥有美丽的"官方皇家情妇"，那其他欧洲国家自然不甘落后。于是在整个欧洲便出现了不可思议的一幕，几乎所有的诸侯王公都设立了"官方皇家情妇"这一显赫职位。据说就连向来号称古板不解风情的德国诸侯，也装模作样地追逐潮流，卷入了情妇风尚大潮中。比如有这样一个非常有趣的故事：布兰登堡选侯腓特烈三世（Frederick III，1657—1713年）原本是个尽人皆知的"妻管严"，然而在这股时尚风潮的影响下，他居然在王宫中随便挑了一名宫女担任"官方皇家情妇"，并赐其大笔金银珠宝。但实际上，由于自己的老婆威胁要宰了他，可怜的腓特烈三世从未碰过这名"情妇"。相比之下，另一位德国王侯萨克森选侯奥古斯都就幸运多了。1697年，由于血缘方面的原因，他被拥戴为波兰国王，从而成为两国之主。可笑的是，在登基后召开的第一次国务会议上，众大臣与奥古斯都商量的第一件"国家大事"居然是关于皇家情妇的,他们苦口婆心地说:"陛下身为两宫之尊,萨克森为其一,华沙为其二。为了和平共处的原则,应在两个宫廷内各安插一名情妇,此公平之举势必会令两国朝野欢腾。显然,波兰人民不开心陛下独宠萨克森情妇,但陛下若表现出喜新厌旧,亦肯定招惹萨克森人民的怨恨。唯国王在萨克森和华沙各风花雪月半年,一碗水端平,堪称上上策。"

与法国、英国的情况相比,西班牙、葡萄牙等国的"官方皇家情妇"可没那么幸运了。由于深受天主教教规的影响,这些国家的国王虽然也赶时髦地设立了"官方皇家情妇",但这些女人的地位和命运就要比其他国家的"同行"们差远了。因为一旦"退休",她们通常只有一个归宿——修道院。或许是出于这种考虑,葡萄牙国王约翰五世(1689—1750年)想出了一个"妙招":他将里斯本的一座修道院当成自己的私人禁地,然后直接从众多修女中挑选中意的"官方皇家情妇",当情妇们生下孩子后,修道院又可作为皇家育婴堂。有趣的是,据说这座修道院的院长颇具献身精神,率先为国王生下个儿子,这名私生子后来成为了大主教。

3. 情妇界的绝代传奇

一股风尚自会产生一段传奇。前面这些有关情妇时尚的片断故事,可能还无法使你觉得"雷人"。接下来,我们将为你隆重推介一位情妇界的传奇人物,她就是法王路易十五(1710—1774年)的情妇蓬皮杜夫人(Madame de Pompadour)。从1745—1764年,蓬皮杜夫人一直是路易十五公开的情妇,对法国历史产生了重要影响。正如后人所评论的,作为路易十五的情妇,她依靠美貌俘虏了这位国王,使得自己的梳妆台成为王国大政方针的决策之地。

蓬皮杜夫人原名让娜·安托瓦内特·柏松,1721年出生。传说早在让娜九岁时,一名女巫就预言她日后会成为法王的情妇。长大后,让娜在母亲的安排下与一位名叫埃蒂奥斯的贵族结婚，并开始以埃蒂奥斯夫人的名义进入上流社交圈。凭借着自己的教养和优雅的谈吐，埃蒂奥斯夫人成功地举办了自己的沙龙，并通过沙龙中结识了后来启蒙主义大师伏尔泰，两人的友谊维持了终生，后者公开称赞她为"巴黎最美丽的女人"。正是由于伏尔泰等社会名流的宣传，埃蒂奥斯夫人逐渐引起了国王路易十五的注意。接下来，一场时尚的情妇追逐游戏开始了。

为了接近美丽的埃蒂奥斯夫人，路易十五国王常常借打猎的机会有意无意地穿越埃蒂奥斯家的林地。而每当此时，埃蒂奥斯夫人便会适时出现。她身穿各种华丽的衣服，远远望去就如同一幅美丽的油画，从而深深打动了路易十五。不久后，国王加封埃蒂奥斯为蓬皮杜侯爵，埃蒂奥斯夫人也因此变为蓬皮杜夫人。对于蓬皮杜侯爵而言，对国王唯一的报答便是让自己的夫人成为其情妇。1745年，路易十五正式册封蓬皮杜夫人为皇家情妇。

自从进入路易十五的生活后，蓬帕杜夫人就对国王产生了巨大影响。她善于利用自己的情感，使国王对自己的建议言听计从。结果，许多官吏的升迁乃至贵族领地的得失都取决于蓬皮杜夫人的态度。与许多皇家情妇不同的是，智商颇高的蓬帕杜夫人并不甘心充当国王的玩物，因此在政治上也处处露头。她利用自己的魅力，将负责警察和邮政事务的大臣拉拢过来，从而得以对整个法国的一举一动了如指掌，也因此能屡屡发表令国王钦佩的高见。随着时间的推移，蓬皮杜夫人的卧室已然取代凡尔赛宫，成为法国真正的政治中心。最令人不可思议的是，这位皇家情妇居然仅凭一番话就将法国推向了一场战争。

那是在1756年，在奥地利王位继承战争中，被普鲁士打败的奥地利为了复仇，希望得到法国的支持。由于此事原本与法国无关，因此路易十五一度犹豫不决。就在他举棋不定的时候，皇家情妇蓬皮杜夫人却跳了出来。为了拴住路易十五的心，她极力鼓动国王答应奥地利的请求。因为法国一旦参战，无能的国王将陷入繁杂的军事政务难以自拔，届时肯定会来向她请教。结果，毫无主见的路易十五决意与奥地利结盟参加对普鲁士的战争，从而酿成了著名的"七年战争"。在战争期间，蓬皮杜夫人的闺房几乎成了法国的参谋部，据说一些法军前线将领甚至经常收到一些由她用眉笔画的作战示意图。不幸的是，虽然蓬皮杜夫人保住了自己皇家情妇的地位，但法国却在战争中遭到巨大失败，而路易十五因此成为法国最不得人心的国王之一。

知识链接　　　　　　　　　**七 年 战 争**

　　七年战争（Seven Years' War）是发生在1756—1763年，由欧洲主要国家组成的两大交战集团在欧洲、北美洲、印度等广大地域和海域进行的争夺殖民地和领土的战争。在这场战争中，欧洲各国根据利益关系分别组成了以英国和法国为首的军事集团，其中，英国一方包括普鲁士以及英王领地汉诺威选帝侯国；法国一方包括奥地利、俄国、萨克森、瑞典和西班牙。战争以法国一方的失败告终。

　　1764年，蓬皮杜夫人因病去世，一代传奇情妇就此退出了历史舞台。她可能不会想到，路易十五很快就有了新的情妇。而又过了没多久，在法国大革命的风暴中，曾经盛极一时的皇家情妇风尚也被彻底摧毁了。

十一

恐怖的医生：中世纪欧洲的放血疗法

动画片《圣斗士星矢》中，星矢在与暗黑天马战斗时中了对方的黑死拳，全身发黑昏迷不醒。后来，幸亏紫龙及时放出了星矢体内的坏血才救了他。这种放血疗法曾经在欧洲盛行了 2 000 多年，被当时的西方人视为百试不爽的"灵丹妙药"。他们认为，无论什么病，只要给病人放掉一点血，就会对病情的好转大有裨益。结果，无数鲜活的生命先后断送在这些可怕的医生手中。

不可思议指数：★ ★ ★ ★ ★

1. 欧洲人的"万能"疗法

所谓放血疗法，就是通过放血达到预防和治疗疾病目的的一种治疗方法。这种疗法的历史可以追溯到公元 2 世纪，甚至可以一直追溯到新石器时期，可谓历史悠久。产生于公元前 2 000 年的犹太教法典就有了使用放血治疗疾病的记载。而与犹太教渊源颇深的基督教也有类似关于放血的记载，如万圣节被看作是最佳的放血时间。

在原始人看来，人生病是由于有恶魔附体，要治病就应该把体内的恶魔释放出来，而放血就是一种释放恶魔的方法。几乎世界各地的人们，比如美索不达米亚人、古埃及人、古希腊人、玛雅人、阿兹台克人等都曾采用过放血疗法。

古希腊的希波克拉底则用体液学说取代了恶魔说。此前，所有的疾病被简单地归结一种"病"，而"病"包括变化莫测的症状。他认为特定的疾病具有特定的症状。在人体内有四种体液，即血液、黏液、黄胆汁、黑胆汁，一一对应于古希腊哲学中四种基本元素：空气、水、土、火，肌体的健康正是取决于这四种体液的动态平衡。人所以会得病，就是由于四种液体不平衡造成的。这就是体液学说。这种观点一经提出，立刻改变了固有的疾病观念。而要让体液恢复平衡，放血就是方法之一。不过，希波克拉底提倡通过恰当的饮食、休息和锻炼让疾病自然痊愈，而其后的盖伦才在体液学说的基础上大力提倡放血疗法。

知 识 链 接　　　　　　　希波克拉底

希波克拉底（约前460—前377年），古希腊著名医生，欧洲医学奠基人，被西方尊为"医学之父"。提出了著名的"体液学说"，对以后西方医学的发展有巨大影响。

盖伦是古罗马时期最著名最有影响的医学大师，被认为是仅次于希波克拉底的第二个医学权威。盖伦最重要的成就是血液的运动理论。他通过对动物的解剖发现动脉里充斥的不是空气，而是流淌的血液。他认为，无论是鲜红的动脉血，还是深色的静脉血，在血管里都是单线程流动，直来直往，犹如潮汐一样，朝着一个方向一涨一落地运动，而不是做循环的运动。与希波克拉底的体液学说类似，盖伦也认为体液失衡是疾病产生的基础，而血液是四种体液中最重要的，起着主导作用。考虑到病人的年龄、体质、发病器官以及季节、天气、地点等等不同的因素，盖伦创造了一套非常复杂的放血疗法体系。不同的疾病放血位置也不同，可能是动脉或静脉，也可能是病灶局部或远端。他认为放右手静脉的血液可以治疗肝病，放左手静脉的血液可以治疗脾病。越严重的疾病放血量必须得越多。在盖伦看来，发热是需大量放血治疗的典型疾病。当人们对疾病的认识转变为多血症或者血液过剩导致了疾病的时候，放血疗法在医学中的地位提升到一个新的高度。

希腊科学及哲学著作在公元8世纪传入古代阿拉伯地区。穆斯林学者们发展并提炼了希波克拉底的理论，结合当地原有的医学形成了独具特色的阿拉伯医学，其外科学的核心内容就包括了放血疗法和烧灼术。后来，阿拉伯人在将伊斯兰教推广到欧洲的拉丁语国家的同时，也将包括放血疗法在内的阿拉伯医学带到这些地区并发扬光大。

14—15 世纪，占星术在医学实践中扮演了重要的角色，包括放血在内的外科手术也由占星术决定。星占医学最主要的理论基础之一是天上黄道十二宫与人体各部位的对应。西方古代星占文献中有很多表现这种对应的图画，被称为"人体黄道带"。这是当时医生诊所中常备之物，医生们据此推知不同治疗手段在不同时刻的宜忌，特定的时间只能在人体的特定部位放血。紫龙在为星矢疗伤时，就是点了星矢的十三个星命点，放出了体内的坏血，才挽救了星矢的性命。

尽管解剖学、诊断学和外科学知识日益丰富，但中世纪以来治疗方法却没有多大的进步。在"死马当作活马医"的心理驱使下，放血疗法继续盛行。其实，放血对病人所起的安慰作用有时或许更胜于疾病所带来的心理负担。放血疗法治疗的疾病可谓种类繁多，几乎被广泛地应用于治疗和预防各种疾病当中。

在中世纪以前，放血的实施者都是教堂的僧侣。到了 12 世纪中期，由于教会的禁止，僧侣和教士不再从事放血这一古老的活动，而那时受过训练的内科医生都极力避免做外科手术，因为外科手术是不是一种治疗方法当时仍没有一个定论。于是，令人不可思议的事情发生了：理发师开始兼任外科医生的职责，并经历了相当长的一段时间，即所谓的理发师兼外科医生，这种情况使得外科医生一度成为声名狼藉的职业。从那时起沿用至今的理发标志——旋转的红蓝白的筒子，其实就是个放血疗法的广告：红色代表动脉血，蓝色代表静脉血，白色代表止血带。那时候的理发师们发展了一整套的放血操作规程和工具，切割血管的刀片叫"柳叶刀"，今天英国著名的医学杂志《柳叶刀》就源于放血用的刀片。

放血疗法并没有随着中世纪的结束而结束，反而在 18 世纪末 19 世纪初达到了顶峰。这时候，放血不仅被当成包治百病的疗法，而且还成为保健的方法，许多健康人也定期放血。中世纪西方的有钱人，特别是那些贵族上层人物、绅士们，都会有规律地放掉自己的一部分血，一般是在春秋各放血一次，平常得如同日常去市场买菜一般。据说放血的另一种作用是使女人看上去更好看，这和西方当时的审美观有关，使她们既显得白皙，又不会因为害羞而满脸通红。所以西方的贵妇人也经常放血。法国国王路易十四的皇后梅茵蒂农夫人（Madame de Maintenon，1636—1719 年）每两周会放一次血，以免在宫廷里听人讲述色情故事或寻欢作乐时因脸红而有失仪态。放血甚至还被夸大为"可以舒畅忧怀，可以息怒平忿，还能使痴情的恋人们免却相思之苦……"

2. 恐怖的医生

放血疗法的具体实施方法很多，使用的工具也不少。考古发现表明，最早用于放血的工具有棘刺、带尖的木棍、骨头、石块、贝壳及鲨鱼牙齿。用于放血的微型弓箭最早发现于南美洲和新几内亚，另一种类似于弩的小型放血工具则最早发现于希腊和马耳他。

静脉切开放血术是最为常用的放血方法，其使用的工具为柳叶刀和放血针。柳叶刀的形状类似于三叶草叶，是一种小型、尖头、双刃的外科放血器械，其中拇指柳叶刀最常用。放血针原本是兽医给马匹放血的工具。原始的放血针由一根铁棍构成针身，尖端有一个垂直于针身的凸起，末端是木把便于拿握，后来发展成外形类似于折叠刀，同时有几个型号不同的刀片，刀柄一般由黄铜、银、牛角或犀角制成。放血前，须先用止血带紧绑缚病人上臂部，松紧适度以免压迫动脉搏动；然后用拇指和食指捏紧柳叶刀，其余三指起支撑作用，斜向刺入直到血液流出；尽量垂直拔除柳叶刀，使皮肤上的刀口和静脉上的刀口大小一致；左手拇指按压静脉末梢，将容器置于伤口下，放开手指，血液流进容器中，要求放出一碗之量，约 16 ~ 30 盎司。当放出足够的血液之后，解开止血带，用棉纱和绷带包扎伤口。使用静脉切开放血术治疗感染的重要指标是心跳达到 90 ~ 120 次，检查者可以感受到患者动脉强劲的跳动。

动脉切开放血术则用于静脉相对空虚、较大的动脉尚充盈时。相对于静脉切开放血术，动脉切开放血术不那么常用。动脉切开的部位选择在太阳穴处的动脉或其分支上。动脉被横向切开，当放出足够的血液之后，动脉末端干瘪紧缩出血自行停止，最后用棉纱按压伤口。

还有一种是配合拔罐使用的多次划破法。这种放血方法使用的工具包括多次划破器、玻璃罐、火源、酒精、蜡烛和海绵。大多数多次划破器是立方体的黄铜盒子，内置若干枚由弹簧控制的刀片。也有一些是圆柱形的，里面有 1～20 枚刀片，但最常用的是有 12 枚刀片的。拔罐的工具被制作成半球形，可由锡、黄铜、橡胶、动物的角制成，当然最常用的还是玻璃制成的。使罐内产生吸力的方法，一种类似于中国的拔罐法，燃烧罐内空气使其产生吸力；另一种是用注射器吸出罐内的空气。放血前，先用蘸过温水的海绵反复擦拭皮肤增加局部的血液供应，用毛巾擦干皮肤，在该处拔罐，起罐后将多次划破器置于该处，按动解锁手柄，12 枚小柳叶刀同时刺入皮肤，再次拔罐，放出 3～5 盎司的血之后将罐取下，用棉纱和药膏包扎伤口。

水蛭放血也是被广泛使用的一种方法。早在公元前 1400 年，就出现了描绘人类用水蛭放血的壁画，到了 19 世纪尤为盛行。19 世纪 30 年代，法国进口了近 4 000 万只水蛭用于医疗目的；19 世纪 40 年代，英国仅从法国就进口了 6 000 万只水蛭。据统计，19 世纪早期欧洲的内科医生们用了近亿只水蛭放血。

水蛭，俗名蚂蟥，属于蛭纲动物。它有三个口（吸盘），每个口里都有上百颗尖利的牙齿，吸血的同时还能释放出可以防止血液凝固、扩张血管的物质——这些特点使其成为实施放血疗法的重要工具。北美、瑞典、葡萄牙都有可作医用的水蛭，据说瑞典水蛭可以放出三倍于北美水蛭的放血量。水蛭一般被放在注满泉水的瓷罐中，罐口用带孔的盖子封住，放置在阴凉处。

水蛭放血术常用于不能拔罐的部位，如痔静脉、子宫口、牙龈、嘴唇、鼻孔、手指等等。具体实施步骤是：放血前半小时将水蛭从水中取出，并用软毛巾将水吸干；将预行放血的部位用温水浸过的毛巾反复擦拭，以增加局部的血液循环；将局部涂以牛奶，或事先用多次划破器划破，亦可涂上动物血，以诱使水蛭吸血；用拇指和食指捏住水蛭的尾部将水蛭的头对准放血的部位。由于水蛭一旦接触到皮肤就会吸血，所以不能用手直接拿取，而应用白色干净抹布加以保护。放血量较大时，可同时需要几只水蛭，或将水蛭放在酒杯或茶杯里，放血时将酒杯翻倒在皮肤上即可；或用多只水蛭替换。为了加快放血的速度，有些大夫还会用刀片把水蛭的身体划开，让水蛭吸取的血液从刀口里流出来。如需在体窍内放血，则有一种专门的圆柱形玻璃管，将水蛭放在管中对准体窍，也可以用纸筒代替玻璃管。当水蛭进入体窍后，用棉絮将外口堵住，防止水蛭逃跑。通常认为需放至病人感到晕厥时才有效。当水蛭吸饱血后，就会自行掉落。如果不自行掉落，可在水蛭的头部撒上芦荟末、醋、盐或灰烬。

有些人可能会对水蛭放血产生恐惧，一种被称为"人造水蛭"的放血工具便应运而生了，即将柳叶刀置于注射器中，利用注射器的吸力吸出血液。

3. 时代的胜利

平心而论，放血疗法确实具有一定的治疗意义。比如针对那些多血症患者，放出多余的血液能使她们感觉更加舒适；当左侧鼻孔出血时，右手放血可以起到转移或分散作用，减轻鼻子的出血状况；放血可以同时带走人体多余的热量，从而治疗发热；放血可以通过解除局部血液瘀积、改善红肿发热等由感染带来的症状，对咯血、扁桃体炎、胸膜炎、中风、精神失常、痛风等有一定的疗效。尤其是对于高血压的治疗，在更有效的治疗方法出现之前，放血能通过减少血容量起到迅速降低血压的作用。

在中国传统医学上也有放血疗法，又称"针刺放血疗法"，是用针具或刀具刺破或划破人体特定的穴位和一定的部位，放出少量血液，以治疗疾病的一种方法。藏医中采用特殊的放血刀，在患者身体的特殊放血部位进行放血。这些放血疗法所放的大都是在肿毒部分，适应于瘟病、疔疮、疮疡、丹毒、黄水、麻风等热症，所放的血也是少量的。而西方的放血疗法一次大约要放掉 12～13 盎司（约合 340～370 克，有一杯之多）的血，有的则一直放血放到病人感觉头晕为止。

从 19 世纪中叶起，越来越多的医生开始怀疑、抨击放血疗法。特别是在发现有许多疾病是由于细菌感染引起的、细菌是真正的病因之后，如何消灭、抵御细菌成了治病的焦点，放血疗法便失势了。但是一种延续几千年的医疗传统是不会轻易退出舞台的。

在欧洲非常流行的放血疗法随着殖民者侵略步伐传到了美洲大陆。本杰明·瑞师（Benjamin Rush）就是放血疗法的著名推广者和实践者。本大夫是在美国独立宣言上签字的唯一的一位大夫，14 岁就从普林斯顿大学的前身新泽西学院大学毕业，以后创建了美国的医学教育体系，被誉为"宾夕法尼亚的希波克拉底"，当时四分之三的美国大夫都是他的学生。1794 年—1797 年费城流行黄热病，本大夫大量采用放血疗法来治疗这些患"热病"的病人，每天给超过 100 个病人放血。一位好事的英国记者翻阅了费城那几年的死亡报告，发现被本大夫治疗过的病人死亡率明显高于别的病人，于是把本大夫一纸诉状告到了法庭。法庭宣判本大夫获胜，罚这位记者 5 000 美元，这在当时可是个天文数字，而法庭的宣判无疑相当于从法律角度声明放血疗法是有效的。

世间的任何事物，一旦被过分推崇，就会出现一些极端的例子。放血疗法盛行了几千年，当然更容易被滥用，而其中最著名的例子当属美国的国父乔治·华盛顿。这位开国总统是一位放血疗法的狂热信奉者，曾多次为他的佣人施行过放血疗法，治好过她们所患的多种疾病。1799 年 12 月 12 日，68 岁的乔治·华盛顿冒着大雪骑马巡视其种植园。

或许是在风雪中受了风寒，华盛顿第二天感到喉咙有些疼痛，但仍然继续冒雪骑马外出，将他希望砍伐的树木做标记。14日上午，华盛顿感觉病情加重，呼吸有些困难，便找来了自己的管家，命他给自己放血治疗。华盛顿令管家给他放半品脱（8盎司）的血，同时派人去叫他的私人医生，又请来两位名医一起会诊。私人医生到达后，主要的治疗手段还是放血，先后放了三次血，前两次各放20盎司，最后一次放了40盎司。两名名医稍后赶到，又给华盛顿放了32盎司的血。当天下午4点半，华盛顿呼吸越来越困难。晚上10点10分，一代伟人停止了呼吸。

当时的医生认为华盛顿死于咽喉和气管发炎。据后人研究，华盛顿患的不过是普通的喉与气管的感染，死于由此引起的窒息。但是严重的失血无疑加速了其死亡，因为华盛顿共被放掉了124～126盎司即约3.7升血。华盛顿的体重约为100千克，一个人体内的血量与体重有关，为70毫升/千克，即华盛顿体内的血量大约为7升。也就是说，在半天之内，华盛顿体内的血被放掉了一半以上！如果不是放血过多，这种病是断断不会要人性命的。

十几年之后，苏格兰军医亚历山大·汉密尔顿开始认真研究放血疗法，他采取的手段是临床观察，将366名患病的士兵平均分成3组，3组的病人所患疾病的严重程度类似，所接受的治疗也一样，唯一不同就是两组病人不放血，一组病人接受传统的放血疗法，结果是不放血的两组分别有2和4个病人死亡，而接受放血疗法的组尽然死了35人。遗憾的是，这一重要的发现没能发表，直到1987年人们才从故纸堆里找到当时的记录。又过了10年，法国人皮埃尔·路易发表了他7年时间对近2 000名病人的临床观察，发现放血疗法明显增加了病人的死亡率。这一结论引起了医学界的剧烈震荡。人们对放血疗法的信念开始动摇。以后陆续有很多文章发表，都证明放血疗法给病人的伤害远远大于给病人提供的帮助，这个流行了2 000多年的疗法终于走出了历史的舞台。

其实，随着医学科学的不断发展，新的治疗方法层出不穷，放血疗法的地位逐渐被替代是历史的必然。在医学蒙昧阶段，对放血疗法不加区别的滥用，使人们对于这种治疗方法有了或多或少的误解。作为医学的一个重要起源，放血疗法是人类医疗求索过程中的重要一页。如今，放血通常用于检验分析和输血。中医或藏医中有针对性地采用少量放血疗法，有时还是必要的。西医中，利用医蛭吸吮臃肿块附近的瘀血，也还是一种常规的有效治疗方法。但作为一种治疗方法，放血疗法一般仅用于红细胞增多症、血卟啉病等某些特殊疾病的治疗。

知识链接　　　　　　　　**亚历山大·汉密尔顿**

　　亚历山大·汉密尔顿（Alexander Hamilton，1757—1804年）是美国的开国元勋之一，宪法的起草人之一，财经专家，美国的第一任财政部长。后来卷入一桩性丑闻，在与副总统阿伦·伯尔的决斗中命丧黄泉。

十二

病态也成美：19 世纪西方人崇尚肺结核

如果看过《红楼梦》，你喜欢林黛玉还是薛宝钗？恐怕现在很多人会将票投给后者。的确，"健康就是美"这句话已成为当今人们的共识，谁愿意整天病殃殃地蜷缩在床上？然而凡事都有例外，人类文明史上经常发生乱出牌的事情。话说在 19 世纪浪漫主义运动高涨期间，西方社会的文化精英们居然喜欢上了疾病。尤其是当时还无法治愈的肺结核，更被他们视为具有别样美感的东西。于是令人不可思议的事发生了，原本一个健康的人，却做梦都想得肺结核，然后在疾病的折磨中一步步走向死亡……

不可思议指数：★★★★☆

1. 肺结核滋养了浪漫主义

"没啥也别没钱，有啥也别有病"，这几乎是现代社会中人们对生活最深刻的认识。的确，自古以来，人类普遍将青春、健康、活力与美联系起来。然而凡事皆有例外，在历史的长河中，一些病态的东西竟曾受到世人的青睐，并发展成一种高级时尚，这就是我们接下来要讨论的话题——19 世纪的肺结核。

从医学的角度讲，肺结核是一种消耗性疾病。作为一种古老的疾病，据说早在古埃及时它就存在了。到近代，随着工业化的发展，肺结核开始迅速传播。肺结核病人的症状包括食欲不振、体重减轻、全身乏力、易感倦怠，因而精神萎靡、病态伤感。直到 1945 年链霉素等特效药物出现之前，此病几乎无异于不治之症，甚至有"白色瘟疫"之称，绝大部分患者最终都难免一死。即便是在 19 世纪，也不知有多少人被这种无情的烈性传染病夺去了亲人或朋友。而在当时的作家笔下，也经常有这样的描写：　　"面色苍白、身体消瘦、一阵阵撕心裂肺的咳嗽……"

对于可怜的肺结核病人而言，唯一的安慰就是生活在气候温和、空气清新的环境中，享受优越的物质条件，从而增强抵抗力。因此也可以说，肺结核实际上是一种悠闲逸适的疾病。然而就是这样一种令人绝望的疾病，却在19世纪成为浪漫主义运动的主要象征之一。

原来在18世纪后期到19世纪中期，在工业文明以及动荡局势的冲击下，西方社会上出现了一股与个性、主观、非理性、想象、情感等融为一体的风潮，这就是浪漫主义运动。在这场运动中，许多西方人充满了厌倦情绪和忧郁感，从而对病态美生出好感。不过在浪漫主义者的眼中，并不是所有疾病都会产生美感。事实上，大多数病症总是跟形体的损伤和丑陋联系在一起的，而只有肺结核患者，往往身材瘦削、脸孔白皙、脸颊还会泛起淡淡的红晕，并且因虚弱而语言、动作都显出温文尔雅，不但形体尚能保持原有的美，苍白的面容甚至别有一种风韵。

由于肺结核病的特殊性质，以及患者所通常具有的所谓病态美，竟最终成为浪漫主义艺术家所追求的目标。有趣的是，当浪漫主义成为时代主流时，艺术家的艺术形象塑造也偏爱肺结核。正是由于肺结核所具有的"病态美"，居然使其成为一个时代的风尚。

值得一提的是，所谓"肺结核是艺术家的疾病"这样的说法并非偶然。细心的人会发现，在19世纪的音乐家和文学家中，患肺结核的特别多。现代科学研究也发现，患这种疾病的人大多都聪慧，富有才华，而且往往多愁善感，感情强烈而纤细，甚至到了过于敏感脆弱的地步。于是，人类文明史上最奇特的事情发生了。浪漫主义者怪异的审美情趣在被结核病折磨的躯体和灵魂中找到了最佳的表达，而秋风中羸弱的身躯、苍白脸颊上病态的红晕，甚至洁白手绢上咳出的鲜血都被看作是美的化身。

2. 向往病态美的文艺巨星们

如果翻阅一下 18—19 世纪肺结核患者文学艺术家的名录，相信所有人都会感到震惊。因为在这份名录上，包含了众多璀璨的巨星，其中不乏肖邦（Chopin）、拜伦（Byron）、卡夫卡（Kafka）、劳伦斯（Lawrence）、梅尔兹（Merz）、契诃夫（Chekhov）、雪莱（Shelley）、梭罗（Thoreau）、席勒（Schiller）、勃朗宁（Browning）等显赫的人物。然而或许也正因如此，肺结核才能成为浪漫主义运动时代最不可思议的风尚。也就是说，那个年代的文艺巨星们，对于这种可怕的疾病似乎没有丝毫的畏惧和厌恶，反而以强烈的热情去拥抱它，甚至欢呼它的降临。

下面，就让我们回味一下这些特别的故事吧。

波兰伟大的钢琴家肖邦，堪称最大牌的肺结核患者之一。他身材瘦削，体质虚弱，嗓音低沉，忧郁的眼睛放射着充满活力的光芒，所有这些都属于典型的肺结核病症。然而发人深思的是，疾病似乎反而刺激了这位音乐天才的创作热情。1818 年 11 月，为了躲避寒冷的冬天，肖邦与他的情人——法国著名女作家乔治·桑（George Sang）一起去地中海西岸的疗养胜地马霍卡岛旅游，那里风景秀丽，气候宜人，有利于肺结核病的康复。在这里，疾病缠身的肖邦写出了《叙事曲》《前奏曲》等不少优秀的乐曲。

在 200 多年的音乐家阵营中，除了肖邦之外，还有很多肺结核病患者。例如，17 世纪著名的英国作曲家亨利·普赛尔是患肺结核死的，他六个孩子中的三个很可能也是死于此病；18 世纪著名的意大利作曲家乔凡尼·佩戈莱西患肺结核病，他的母亲、父亲和一个兄弟也患肺结核；19 世纪德国著名作曲家和歌剧导演卡尔·韦伯（Carl Maria Von Weber）从童年起就有肺结核……这些音乐天才的遭遇足以表明，正是肺结核为他们的艺术创造提供了某种动力。或许正因如此，浪漫主义运动期间的一位德国艺术家在得知自己身患肺结核后，反而倍感幸运，并在日记上写着："我的死将是我对于最高存在一往情深的明证。"

在文学界，患有肺结核的巨星也不乏其人。例如传世经典《瓦尔登湖》的作者——美国作家梭罗（Henry David Thoreau）就出生于一个患肺结核病的家庭，他的祖父于1801年死于肺痨，父亲也在大量咯血后死去，兄弟约翰大概也患有肺病，妹妹海伦从童年时代起就患了肺结核，于1849年病死，年仅22岁，而梭罗本人也长期身患此病。浪漫主义运动时期对肺结核最为偏爱的名人当属拜伦（George Gordon Byron）。令人不可思议的是，这位性情古怪的诗人居然一直渴望自己能患上肺结核病，而其理由便是，如果那样，他身边的贵妇届时将会说：瞧那个可怜的拜伦，垂死之时也是那么的好看啊！

另一位英国诗人约翰·济慈（John Keats），也以自己的生命演绎了一幕肺结核传奇。与许多肺结核病患者一样，济慈对外界的一切都有极为灵敏的感受性，而对异性和美也有极其强烈的仰慕心，尤其在漂亮的女性面前，他会情不自禁地设法在她们中间生活。1818年，23岁的济慈在一位友人的家里认识了18岁的芳妮·布劳尼。芳妮身材苗条，容貌秀丽，而且风度优雅，举止得体。很快，两人就成为公开的恋人。不久，芳妮和母亲移居伦敦北郊，与济慈的朋友查尔斯·布朗隔壁相住。在这里，济慈与芳妮度过了短暂的快乐，而诗人创作出了不少极为优秀的诗篇。不幸的是，有强烈社交欲的芳妮与济慈的朋友约瑟夫·塞文和布朗都有密切的交往，虽然实际上她爱的仍旧是济慈，但这却使患有肺结核的济慈无法释怀。在忧郁情绪的蹂躏下，他的病情迅速加重了。在深知自己将不可避免地走向死亡后，济慈竟曾多次对芳妮说："我在散步之时急切地沉思我的一种享受：你的可爱和我死亡的时刻。要是这两者我同时拥有，那可是多么好啊。"虽然他后来选择去意大利海滨疗养，但仍难以逃脱宿命。1821年2月，这位祈求爱情也祈求死亡的忧郁诗人终于离开了人世。

3. 文艺巨星们的另类追求

浪漫主义运动时代的文艺巨星们，不但自己崇尚肺结核，还通过自己的笔墨着力塑造出一个个具有病态美的形象，从而为人类艺术宝库增添了另类财富。

在这些大师的笔下，肺结核病症的主要后果——"玫瑰色脸颊"几乎成了美的化身。例如在意大利戏剧大师普契尼（Giacomo Puccini，1858—1924 年）的《波希米亚人》（La bohéme,）中，女主人公就是患有肺结核病的咪咪，她脸色苍白，明净的皮肤泛着茶花般柔嫩的白色，脆弱而病态，终日不断剧烈咳嗽，一天天疲软瘦弱下去，直到垂死时刻，她这种病态的美仍对男主人公鲁道夫具有无比的诱惑力。另外，法国作曲家达里乌斯·米约（Darius Milhaud，1892—1974 年）的《奥菲欧的不幸》中，女主人翁欧律狄克也患有肺结核病；意大利剧作家盖塔诺·唐尼采蒂（Gaetano Donizetti，1797—1848 年）的《宠姬》（La favorite）中的女主人翁莱奥诺拉，也是肺结核病患者。由于这种奇异风尚的影响，还发生了一些文坛上的趣事。在法国作家普莱沃（Abbé Prévost，1697—1763 年）的小说《曼侬·莱斯科》（Manon Lescaut）中，女主人公曼侬原本是一个身体健康的年轻女子，但是在小说被改编为歌剧后，不论是普契尼改编的，还是法国歌剧作曲家茹尔·马斯内（Jules Massenet，1842—1912 年）改编的，都将曼侬改造成了肺结核病患者。因为只有这样，她才能体现出病态美，而整部作品也才能获得大众的认可。

不过，对于 19 世纪肺结核这种病态美做出最好演绎的，当推法国作家小仲马及其代表作《茶花女》（La Dame aux Camélias）。

小仲马，全名亚历山大·仲马（Alexandre Dumas fils，1824—1895年），他是法国多产作家大仲马的私生子。关于《茶花女》的创作，其实与小仲马本人的亲身经历有密切的关系。那是在 1844 年 9 月 9 日晚，20 岁的小仲马与好友欧仁·德雅泽前往巴黎蒙马特大街的"游艺剧场"

消遣。在那里，他结识了著名交际花阿尔丰西娜·普莱西（Alphonsine Plessis, 1824—1847 年）。此女原是法国北部诺曼底省一个酒精桶修理匠的小女儿，后来因母亲去世辗转流落到巴黎，最后沦为一名妓女。她有着罕见的美貌，体形修长、纤小而苗条、轻盈，皮肤白里透红，很快就被公认为巴黎最迷人的女子。由于结识了不少上层人士，她不但摆脱了贫困，还变换姓氏，改名为玛丽·杜普莱西（Marie Duplessis）。

自从在剧场里相识后，风流的小仲马便开始与玛丽交往，很快发展为情人的关系。他们几乎夜夜相会，双方都深深感受到爱的欢乐。交往中，小仲马却得知玛丽患有肺结核，但这反而更增加了年轻作家的爱情。他非但不担心被传染上，甚至表示，如果玛丽真的把病传给了他，倒是他的幸运。然而，由于玛丽交际花的生涯使小仲马无法忍受，后者最终于 1845 年 8 月与对方绝交。随后，他与父亲一起去北非旅游。殊不知就在此期间，玛丽病情恶化，最终于 1847 年 2 月病逝，她的家具等一切物品也都被拍卖。等到小仲马于次年的 2 月回到巴黎时，玛丽已经被安葬在蒙马特公墓。

当知悉详情后，小仲马不仅为自己对待玛丽过于苛刻感到过内疚。悲伤和悔恨之余，他匆匆赶到玛丽旧日与他欢聚的地方，只见人们正在清点她的遗物拍卖，就连英国知名作家查尔斯·狄更斯被吸引来了。为了纪念这名命运悲惨的女子，小仲马满怀激情创作了小说《茶花女》。小说中，小仲马在注重刻画玛格丽特美丽心灵的同时，又着重描绘了她的外貌。而除了写出她一般的女性美，她的异常艳丽的外貌和"难以描绘的风韵"外，作家还注重对女主人公肺结核病患者所具有的特征的描写。他写道，女主人公因疾病的消耗而身体显得"颀长苗条"，因时有低热而脸颊呈深红的"玫瑰色"，这是病态的红晕……总之，在《茶花女》的创作中，小仲马宣泄了自己郁积于心的情绪，重温了一次比现实更为浓厚的爱情，且又发挥了浪漫主义的情怀，使他自己体验到了巨大的快乐。1848 年，当小说《茶花女》发表时，立即引起了轰动。后来，小仲马又亲自将小说改编为话剧，使这部作品成为文学宝库中的经典之作。

十三

向往东方：300年前欧洲的"中国热"

　　300年前的欧洲人如何看中国？很多人一定想不到。因为以往的教科书告诉我们，近代以来，自从文艺复兴以来，欧洲的社会发展水平就很快超越了中国，并最终把我们远远甩在后面。而实际上，在17—18世纪，也就是康熙、乾隆时代，中国在欧洲人心目中的地位，就好像今天美国在许多中国人心目中的地位一样。那时，由于极度向往中国人的生活方式，于是在欧洲历史上便出现了令人不可思议的一幕……

　　不可思议指数：★★★★☆

1. 像中国人那样生活吧

　　"那时，中国的商品抢着买，关于中国的书争着读；凡尔赛宫的舞会上，国王身着中国服装出现在满朝文武面前；塞纳河边的戏园子里，男女老少聚精会神地观看中国皮影；国王的情妇养金鱼，大臣的夫人乘轿子；阔人在私家花园的中国式亭子里闲聊，文人端着景德镇的茶碗品茶……"这是一位西方学者关于18世纪欧洲上层社会流行的中国风尚的描述。毫无疑问，对于今天中国人而言，这一幕实在是太不可思议了。因为我们都知道，自从鸦片战争以来，中国在欧洲人心目中的地位就每况愈下，并长期被冠以贫穷、野蛮、落后等形容词。然而翻阅历史，细心的读者就会惊奇地发现，原来在17世纪后期到18世纪上半叶长达100余年的时期内，欧洲人对中国竟是如此的仰慕与向往，以至于当时出现了一股弥漫整个欧洲大陆的特殊风尚——"中国热"。

　　话说在1700年1月7日，为庆祝新世纪的到来，"太阳王"路易十四在法国凡尔赛宫金碧辉煌的大厅里举行了一场盛大的舞会。当巴黎上流社会的显贵命妇们到场后，随着一阵音乐响起，只见国王竟身着中国式服装，坐在一顶中国式八抬大轿里出场，全场顿时发出一片赞叹声。这场由奥尔良公爵策划的中国式舞会，其实只是当时欧洲"中国热"期间的一个片段。

我们都知道，在长达数千年的历史当中，封建王朝统治下的中国在社会发展水平方面长期领先于欧洲。因此很久以来，欧洲就一直渴望了解中国。早在罗马帝国时期，中国的丝绸作为一种奢侈品就曾在上流社会引起轰动。进入 16 世纪后，由欧洲教会派出的大批传教士纷纷前往中国，而他们带回的各种报告则直接引起了欧洲对中国的强烈兴趣。在众多传教士当中，利玛窦具有非凡的地位。他不但在中国获得了很大成就，也成为当时向欧洲知识界介绍中国文化的重要人物。16 世纪中叶，利玛窦最早把儒家经典《四书》《五经》译为西文，他的《利玛窦日记》第一次向欧洲全面介绍了中国的道德和宗教思想。正是经过他的倡导和努力，来华传教士们把中国的哲学、宗教、科学、技术、艺术等介绍到欧洲，并在 18 世纪的欧洲产生巨大影响。

知识链接

利玛窦

利玛窦（Matteo Ricci，1552—1610 年），意大利的耶稣会传教士，学者。明朝万历年间来到中国居住。其原名中文直译为玛提欧·利奇，利玛窦是他的中文名字，号西泰，又号清泰、西江。在中国颇受士大夫的敬重，尊称为"泰西儒士"。他是天主教在中国传教的开拓者之一，也是第一位阅读中国文学并对中国典籍进行钻研的西方学者。他除传播天主教教义外，还广交中国官员和社会名流，传播西方天文、数学、地理等科学技术知识。他的著述不仅对中西交流做出了重要贡献，对日本和朝鲜半岛上的国家认识西方文明也产生了重要影响。

早在 1697 年，德国大学者莱布尼茨就在搜集来华传教士的报告、书信和旅行记略的基础上，编辑出版了《中国新事》一书。他在该书的绪论中写道："我们从前谁也不相信世界上还有比我们的伦理更美满、立身处世之道更进步的民族存在，现在东方的中国，给我们以一大觉醒！东西双方比较起来，我觉得在工艺技术上，彼此难分高低；关于思想理论方面，我们虽略高一等，但在实践哲学方面，实在不能不承认我们相形见绌。"

知识链接

德国科学家莱布尼兹

　　戈特弗里德·威廉·莱布尼茨（1646—1716 年，又称冯·莱布尼茨）是 17、18 世纪之交德国著名的自然科学家，数学家，哲学家。他的研究范围涉及自然科学与社会科学的诸多领域，并且几乎在每一个相关领域都有杰出成就，被誉为罕见的科学天才。由于他独立创建了微积分，并发明了优越的微积分符号，使他以数学家的称号闻名于世。

　　到了 18 世纪，中国正处于康乾盛世，依然延续着自己的辉煌与繁荣，而欧洲却还在经受着教派纷争和战乱之苦。当前往中国的传教士们将一幅美好的中国图景呈现在人们面前时，立即引来整个欧洲的无比惊羡。结果在 17 世纪末—18 世纪末的 100 年，在欧洲形成了前所未有的"中国热"。在长达 100 多年的"中国热"期间，无论是在物质、文化还是政治制度方面，欧洲都对中国极为追捧，以至于在 1769 年曾有欧洲人写道："中国比欧洲本身的某些地区还要知名。"

　　在"中国热"流行欧洲期间，人们普遍爱好来自中国的物品，热衷于模拟中国的艺术风格和生活习俗，以致形成一种被称为"汉风"（Chinoiserie）的时尚。这种时尚渗透到了欧洲人生活的各个层面，如日用物品、家居装饰、园林建筑等。

　　17 世纪以来，丝绸、瓷器、茶叶等中国特产开始大量进入欧洲，成为上流社会显示财富的奢侈品。据说茶叶最初传入欧洲时，曾被上流社会当成包治百病的良药，妇女们常用它来治偏头痛。在 1650 年时，英国一户普通人家一年的生活费用大约为 5 英镑，而 1 磅茶叶的价值就高达 10 英镑。中国瓷器一直受到欧洲众多王侯的珍爱，被视为"东方的魔玻璃"，通常只有在王宫和贵族的客厅里才能看到。中国的上等丝绸也受到欧洲消费者的极大欢迎。由于当时欧洲生产的丝绸质量还比不上中国，所以他们往往绘上中国式图案并注明"中国制造"，冒充中国丝绸进行出售。此外，来自中国的漆器、墙纸、扇子乃至轿子等都一度进入欧洲上流社会的生活。这种需求的日益剧增，使当时从事中欧贸易的商人们大发横财。到 1692 年时，荷兰东印度公司的赢利总额已超过 1 亿法镑。

在追逐各种中国器物的过程中，欧洲社会迅速形成了一种时尚，包括举行中国式宴会、观看中国皮影戏、养中国金鱼等，都成为高雅品位的象征。这种时尚最典型地体现在中国式园林与建筑在欧洲的盛行。1670 年，一向以奢华著称的路易十四，下令在凡尔赛为自己的一位宠妃建造了一座"中国宫"。这座建筑一经落成，马上引来了欧洲各国的效仿。一时间，欧洲出现了许多中国风格的代表性建筑，其中最闻名的要算普鲁士"无忧宫"中的中国茶亭。

由于中国时尚的狂热流行，当时也出现了很多趣闻。1672 年，当清初活跃于福建、浙江等地的西班牙多明我会传教士多明我（Domingo Navarrete，1618—1689 年）神父从中国回到欧洲时，马上就成为明星式的人物。他的《中国的历史、政治、道德与宗教》一书也再一次激起了欧洲人对中国的强烈兴趣。1698 年，巴黎曾出现了一位自称是中国公主的女人，受到上流社会高规格的接待。然而到后来，人们却发现她只是一位来自法国乡下的女骗子。

2. 中国的月亮格外圆

在欧洲社会极力追求中国时尚的同时，知识界则将目光转向了中国的文化成果。到 18 世纪时，在启蒙思想家们的极力倡导下，欧洲掀起了长达半个世纪的中国文化热。著名思想家伏尔泰就对儒家学说推崇备至，他曾将《论语》中的"己所不欲，勿施于人"视为每个人应遵守的座右铭。受其影响，法国大革命时期的《人权宣言》中也曾出现这一格言。另一位启蒙思想家狄德罗也非常景仰中国文化，他称孔子为"中国的苏格拉底"。在一次谈话中，他甚至说与孔子相比，"荷马是个糊涂蛋"。除法国之外，欧洲其他国家也出现了中国文化热。比如在俄国，大诗人普希金如饥似渴地阅读有关中国的文献，还在其名著《叶甫盖尼·奥涅金》的草稿中，将《论语》中"后生可畏，焉知来者之不如今也"这句话改写成诗句。

知识链接　　　　　　法国启蒙思想家狄德罗

D. 狄德罗（Diderot，1713—1784 年），18 世纪法国唯物主义哲学家，美学家，文学家，教育理论家，百科全书派代表人物，第一部法国《百科全书》主编。

---

18 世纪欧洲中国文化热的流行，最集中地体现在中国戏剧的风靡上。1735 年，法国的马若瑟神父翻译并发表了法文版《赵氏孤儿》后，开创了史无前例的中国戏剧热。伏尔泰又进一步改编《赵氏孤儿》，并取名为《中国孤儿》在巴黎上演。1755 年 8 月 20 日，当《中国孤儿》在法兰西喜剧院首次上演时，立即在民众中引起巨大轰动，一连演出了很多场。随后，英国、意大利等国也先后上演了这部中国戏剧。据统计，仅在 18 世纪，《赵氏孤儿》在欧洲至少有 4 个改编本和 3 个英文译本。作为 18 世纪法国启蒙运动的旗手，伏尔泰生前对中国文化的喜好与偏爱向来被传为美谈。他通过《中华帝国志》等著作开始认识和了解中国，并逐渐萌生出对中国文化的向往与热爱。伏尔泰认为，《赵氏孤儿》集中体现了中国道德和儒家文化的精髓，故事人物忠诚献身的精神和成仁取义的品格正是当时法国社会所亟需的。他在著作和书信中多次提到中国的孔子，他认为，"孔子是真正的圣人，他自视清高，是人类的立法者，绝不会欺骗人类。没有任何立法者比孔夫子曾对世界宣布了更有用的真理"。在其巨著《风俗论》中，伏尔泰更是表现出对中国文明的强烈兴趣。

除了在生活方式和文化方面学习中国，欧洲人甚至在治理国家时也呼吁借鉴中国的经验。比如官僚制度方面，欧洲当时实行的是贵族世袭制，这难免会带来许多弊端。到 18 世纪，当新兴的资产阶级力量渴望打破政治垄断，进入国家权力体系时，中国以科举为特色的文官制度恰好为他们提供了理想的蓝本。还在 17 世纪之初，被派往中国的传教士们就发现了科举制度的优越之处。经过他们的介绍，欧洲的知识界开始对中国"学而优则仕"的文官制度发生了浓厚的爱好。他们认为，在中国，即便是农民的儿子，都有希望当上总督甚至宰相。在他们的影响下，法国在大革命后参考中国科举制度，引进了竞争性考试制度，以满足资产阶级和平民登上政治舞台的要求。法国重农学派的创始人、有"欧洲的孔子"之称的魁奈，就非常赞赏儒家的治国思想。1756 年，经过他的极力说服，路易十五甚至曾仿照中国皇帝的样子，举行了一场别开生面的祭奠土地的仪式，在欧洲引起轰动。

知识链接　　　　　　　　　　**魁奈**

　　弗朗斯瓦·魁奈（Francois Quesnay，1694—1774 年）是法国国王路易十四的宫廷医师，重农学派创始人，他用抽象的图式提出了它对经济体系的分析，从而说明生产和消费过程中的商品流通。因为他根据血液循环原理所制定的表式，有点类似今天用来表明工业生产结构的投入－产出表，因此有时他也被称为近代第一个经济学家。

　　不可否认的是，在 18 世纪的"中国热"中，欧洲也曾出现过一些盲目跟风的情况，但这次热潮对中西文化的交流却起到了重要的推动作用。鸦片战争前后，随着中国的日渐衰落，"中国热"也在欧洲逐渐降温，但它的影响仍持续了很长时间，如马克思就曾给他的两个女儿取了"中国皇帝"和"中国皇太子古古"的绰号。

3. 让我们仿造中国产品吧

　　有趣的是，在"中国热"盛行期间，由于对中国的产品是如此偏爱，以至于当时的欧洲竟曾出现一股"仿造中国"热。在这方面，他们可不像今天似的，对所谓的知识产权格外较真儿。

自新航路开辟以来，中国的丝绸、瓷器、茶叶等商品大量输入欧洲，并迅速引起人们的尊崇。到17—18世纪时的"中国热"期间，中国的各种商品更深受欧洲各阶层的追捧。然而由于当时远洋贸易的局限，中国商品往往处于供不应求的局面。于是在利益的驱动下，欧洲各国便出现了一股仿造中国商品的热潮。例如在1792年时，英国著名外交官马戛尔尼就曾在其日记中抱怨道："整个欧洲都对中国着了迷。那里的宫殿里挂着中国图案的装饰布，就像天朝的杂货铺。真货价值千金，于是只好仿造。"其实他所抱怨的只是当时欧洲一种普遍的社会现象。

知识链接

马戛尔尼

马戛尔尼（1737—1806年），英国18世纪的政治家、皇家大臣和杰出的外交家。1792年被封为马戛尔尼伯爵。1793年作为英国特使出访中国，受到乾隆皇帝的接待。

据考证，早在公元前1世纪时，中国的丝绸就通过"丝绸之路"传入欧洲的罗马帝国。当欧洲人第一次见到这种轻盈柔软、光彩夺目的织物时，立即视其为珍品，争相购买。据记载，有一次凯撒曾穿着一件中国丝绸做成的袍子去看戏，结果在整个罗马都引起了巨大轰动。到公元4世纪时，罗马人越来越崇尚丝绸。此后1000多年的时间里，丝绸都是欧洲最大宗的进口商品之一。直到18世纪三四十年代，欧洲每年的丝绸进口量最多竟达75000余匹。

为了保护国内贸易，制止大量财富流向中国的势头，欧洲各国很早就开始极力抢夺丝绸市场。最初，他们先是通过各种手段获取了中国的养蚕术。在此基础上，一些国家开始仿造中国的丝绸，并不断发布禁止丝绸进口的法令。到16世纪之前，意大利、法国已出现了一些著名的丝绸生产基地。即便如此，直到明清时期，中国的丝绸仍在欧洲市场拥有极强的竞争力。由于"中国热"的影响，欧洲人更偏爱中国出产的丝绸。比如17世纪时，欧洲的贵妇们都喜欢穿中国丝绸面料的高跟鞋，并在鞋面上装饰中国风格的图案。尽管中国丝绸源源不断地传入欧洲，但仍不能满足大众的需求。虽然欧洲当时生产的丝绸在质量上已与中国货不相上下，但其产品上的图案如龙、凤、花鸟等都处处仿造中国，并且特意注明"中国制造"以保证销路。为了更好地进行仿造，欧洲各国丝织厂的丝绸画师手里都有一本《中国图谱》。因此在很长一段时期里，欧洲产的丝绸都保持着强烈的中国工艺美术风格。

瓷器作为最具有世界影响的中国产品，也同样曾被欧洲所仿造。远在唐代时，中国瓷器就作为商品进入国际市场，行销日本、印度、波斯和埃及等地。17世纪时，中国瓷器已在欧洲占有广大的市场。当时，中国瓷器在欧洲被视为珍玩，只有在西班牙和法国等大国的宫廷里才能见到较多的瓷器。贵族家庭也以摆设瓷器来附庸风雅，炫耀地位。随着"中国热"的流行，大量中国瓷器传入欧洲。据估计，仅在18世纪的100年间，输入欧洲的中国瓷器数量就达到6 000万件以上。

尽管有如此大量的中国瓷器输入欧洲，但其身价仍非常昂贵。于是为了满足社会的需求，也为了抓住致富良机，欧洲各国开始争相仿造乃至伪造中国瓷器。虽然在15世纪后，中国的一些制瓷技艺就经由阿拉伯人传入欧洲，但他们的生产水准始终处于初级阶段，模仿中国的痕迹非常明显。为了进一步提高欧洲瓷器的竞争力，整个18世纪，欧洲都一直在苦苦寻求中国瓷器的制作秘诀。

1712年，一位名叫昂特雷科莱的法国传教士来到中国瓷都景德镇传教。经过多年的努力，他终于将景德镇瓷器工序及配方的秘诀传回法国，从而使欧洲瓷器生产迈出了关键性的一步。又经过一番周折，法国终于在18世纪中叶成功烧造出了真正的硬质瓷器。随后，英国、瑞典、荷兰都在模仿中国制瓷技法方面获得成功。在此基础上，欧洲各国开始大量仿造中国瓷器的拳头产品如青花、德化瓷等。1770—1780 年，德国王室的瓷窑———迈森国家瓷厂率先成功仿制出中国的青花瓷，带动了一批欧洲的商家仓促上马建立瓷厂，不过由于这些小厂子都无力开发自己的产品，于是又对迈森瓷厂等商家进行仿造。这些仿制的瓷器，尽管在质地上有独到之处，但它们仍然无法与景德镇瓷器相比，模仿的痕迹非常明显。无独有偶，在美国独立后不久，一位名叫乔治·莫里斯的商人，也曾在费城南部建立了一座生产仿中国式的青花瓷厂。中国瓷器家族中的德化瓷，在欧洲也有很高的声誉，曾被称为"中国白"。为了满足市场的需求，欧洲各国的生产商都曾试图进行仿造。但这些仿制的"中国白"只能做到外表的相似，在质地、光泽等方面几乎无法与中国产品相比。一直到 18 世纪末，欧洲各国仿造中国瓷器的高潮持续了将近 200 年的时间，但始终未能达到中国外销瓷的质量。只是到了清朝末年，国门被欧洲列强用武力打开后，由于西方大量倾销机制瓷器，才使中国瓷器的价格一落千丈。

在"中国热"流行期间，欧洲人对中国的漆器、壁纸等物品也极为推崇。1730 年，法国人罗伯特·马丁仿造中国漆器获得成功，其产品的色彩以及中国风格的图案，深受当时法国上流社会的钟爱。据说国王路易十五的情妇蓬皮杜夫人就十分偏好这种漆器，在她的住所里，到处摆满了漆制家具，而上面的图案如中国妇女、牡丹花等也具有鲜明的中国特色。在英国，商人们为了满足英国贵族酷爱中国漆器的需要，往往不远万里到中国广州购买大块漆器运回国内，然后改制成各种规格的屏风出售。更有甚者，他们有时还将英国的木制家具运往广州，请广州的漆工进行加工，然后再运回英国出售。即使当时一些著名的家具设计师，也完全仿造中国式样，以获得顾客的青睐。

中国的壁纸是 16 世纪中叶由荷兰商人传入欧洲的，当时即受到英、法等国人们的欢迎，上流社会的豪宅争相用中国壁纸作为装饰。随后不久，欧洲一些国家也开始生产大批中英、中法混合式壁纸，并于 1688 年获得成功。不过在质量上，欧洲的仿造品要逊色于中国。所以直至 18 世纪后期，英国仍不得不从广州、厦门等地贩运大批中国壁纸以满足本国需要。

白铜是古代世界冶金技术中的一项伟大成果，长期以来都为中国独有。大约 16 世纪以后，中国白铜运销到世界各地，为人们所赞叹。与此同时，为了掌握这种工艺技术，欧洲的一些化学家和冶金学家开始仿造中国白铜，并试图破解其中奥秘。为了达到这一目的，一些国家不惜巨资通过东印度公司从广州购得中国白铜。经过一番努力，瑞典和英国的化学家最终成功分析出了中国白铜的成分。随后，德国人于 1823 年仿造中国白铜取得成功并重新命名为"德国银"。到 19 世纪后期，开始投入大量生产的"德国银"已取代了中国白铜在国际市场上的地位。

不过就像所有曾经流行的风尚一样，不可思议的欧洲"中国风"很快就成为过去时。随着欧洲人对中国社会更加深入的了解，特别是在多次激烈冲突后，日趋没落的中华帝国也转而成为他们排斥的对象了。到 18 世纪中期以后，许多著名的启蒙思想家一改"中国热"流行时的论调，转而鄙视中国文化。比如 1793 年，思想家孔多赛在评价中国时就认为：这个民族在科学、艺术方面领先于其他民族，但火炮的发明未能避免这个民族被蛮族征服，甚至连印刷术的发明也完全无助于人类精神的进步。在这种氛围下，法国还出现了一股批判讽刺伏尔泰"崇拜中国"的思潮。

知识链接

法国启蒙思想家孔多赛

孔多塞（Condorcet，1743—1794 年），18 世纪法国最后一位哲学家，同时也是一位数学家，启蒙运动的最杰出代表人物，有法国大革命"擎炬人"之誉。他使用统计学和概率论的方法来推导他的哲学观念。他的《人类精神进步史表纲要》一书是 18 世纪启蒙哲学的经典，宏观透视人类进步的历史，对人类的历史做出了乐观的展望。这一历史观在 19 世纪和 20 世纪影响了几乎所有的思想家。但是，其后的两次世界大战证明这种观念的空想性。

十四

一杯饮料带来全民狂热：近代英国的下午茶

有一首英国民谣是这样唱的："当时钟敲响四下时，世上的一切瞬间为茶而停。"如果你是一个不知情的外国人，如果你正好在下午四点的时候前往英国某个部门办事，那么，你就耐心等吧——即使你有天大的事，也得恭候英国人喝完了下午茶再说，因为这是雷打不动的规矩。

不可思议指数：★★★★☆

1. 英国人爱上了中国茶

茶对于英国人的重要性不言而喻，几乎充斥着他们生活的每一个角落：清早刚一睁眼，便在床头享受一杯"床前茶"；早餐时再来一杯"早餐茶"；上午公务再繁忙，也得停顿20分钟啜口"工休茶"；下午下班前是喝茶吃甜点的法定时刻，也称"Low Tea"；回家后晚餐前再来一次"High Tea"（下午五六点之间、有肉食冷盘的正式茶点）；就寝前还少不了"离别茶"。此外，英国还有名目繁多的茶宴、花园茶会以及周末远足的野餐茶会等等。可以说，每一天都是以茶开始，再以茶结束。而其中最为重要的当属下午茶（Low Tea）。

从饮茶文化的发源来讲，古代中国是当之无愧的以茶文化著称的国度。但将饮茶发展成为一种既定习俗的，则是英国人。这个历史上从未种过一片茶叶的国度，用茶叶这种舶来品创造了享誉天下、内涵丰硕、形式优雅的"英式下午茶"。2006年初，BBC网站曾对12项所谓"英国的国家象征"进行了网上投票。结果，"茶"以35.03%的得票率高居榜首。

茶叶大约在17世纪时开始传入英国，因为运费昂贵，加上英政府对之课以重税，因此能享用得起茶叶的只有那些贵族和富人。巨大利益的诱惑，引发了大规模的茶叶走私。一位名叫罗伯特·特罗特曼的走私犯，就因武装走私茶叶而被打入了死牢。两个多世纪后，历史学家仍常常徘徊于他的墓前，因为他的墓碑上留着这位仁兄的最后一句话："一点儿茶叶，我偷的不多。上帝啊，我的血流得冤枉。一边是茶叶，一边是人血。想想，就因这杀死了一个无辜的兄弟！"

说起开英国下午茶风气之先的元勋，当属英王查理二世的王后——葡萄牙公主凯瑟琳。这位王后非常喜爱饮茶，在她带来的嫁妆中包括221磅红茶和精美的茶具。在那个年代，红茶之珍贵可以与金银媲美。新王后对饮茶的喜好无疑是极好的表率，引得贵族们争相效仿，因而迅速风行并成为高贵的象征。此后，玛丽二世以及安妮女王也都热衷推广茶文化。但"英式下午茶"的正式亮相是在19世纪40年代。

当时，英国上流社会的早餐都很丰盛，午餐则较为简便，而社交晚餐要一直到晚上八时左右才开始。漫长的下午时光对于那些终日无所事事的贵族太太小姐们而言是倍觉无聊，到了下午四点左右甚至还有些饥饿难耐。1840年，英国贝德芙公爵夫人安娜·玛丽亚（Anna Maria）如同往日一样，在意兴阑珊、百无聊赖的下午时光中忍受着煎熬。一阵饥饿的感觉突然袭来，而此时距离穿着正式、礼节繁复的晚餐还有不短的一段时间。于是，公爵夫人就让女仆为自己准备了几片烤面包、奶油以及茶。享用完毕之后，公爵夫人感觉神清气爽，本来极为烦闷的心情似乎好了不少。后来，公爵夫人邀请了几位知心好友与自己一起，享受着好茶与精致的点心，一同度过轻松惬意的午后时光。出乎公爵夫人意料的是，这种休闲方式竟然很快在当时的贵族社交圈内流行开来，并形成了一种优雅自在的下午茶文化。

大英帝国在维多利亚女王时代（1837—1901年）进入其最强盛的时期，文化艺术蓬勃发展，上流社会的人们更是醉心于追求具有艺术气息的精致生活品位。因此，正统的英式维多利亚下午茶优雅华丽，充满了贵族气息，而其中的讲究也颇多。

最正统的下午茶时间是下午四点钟（就是一般俗称的 Low Tea）开始。下午茶会在当时是仅次于晚宴和晚会的非正式社交场合，对赴会人的着装也有要求，女人必须穿缀了花边的蕾丝裙，将腰束紧，男士则要着燕尾服。即便在今天，每年在白金汉宫的正式下午茶会，男性来宾仍须着燕尾服，戴高帽及手持雨伞，女性则穿白天洋装，且一定要戴帽子。负责操办茶会的女主人当然也得穿着正式，以家中最好的房间招待客人并亲自为客人服务，万不得已时才会请女佣协助，以显示对客人的尊重。

既然是喝茶，茶当然是其中至关重要的环节。一般来讲，下午茶的专用茶是中国的祁门红茶、印度大吉岭红茶、斯里兰卡红茶等。早期以来自中国的祁门红茶为主，但由于从中国运输茶品至欧洲路途遥远，价格过于昂贵，后来便慢慢地在印度及斯里兰卡种植红茶。为了体现茶叶的贵重，女主人往往会吩咐侍女捧来放有茶叶的宝箱，在众人面前开启、冲泡。茶叶的数量通常是每位饮者一匙茶叶，另再加一匙作为"壶底消耗"。

中国人喜爱美食，在饮食文化中非常注重盛放食物的器皿。英式下午茶对环境及器皿的追求恐怕不低于中国人。与中国传统的饮茶方式相比，英国人喜爱在茶中加入牛奶和糖，因此英式下午茶所需的器具较之中国传统茶道似乎更为烦琐。标准的英式下午茶一般需配备上好的中国瓷器或银质茶具、滤匙及放筛检程式的小碟子、杯具组、糖罐、奶盅瓶、三层点心盘、茶匙（正确的摆法是与杯子成 45 度角）、个人点心盘、茶刀（涂奶油及果酱用）、吃蛋糕的叉子、放茶渣的碗、餐巾、保温罩、木头拖盘（端茶品用）等器具。茶壶又分两人壶、四人壶或六人壶，视客人的数量而定。象征着维多利亚时代贵族生活的重要饰物——用蕾丝手工刺绣的桌巾或托盘垫当然是必不可少的。它们被铺在专用的茶桌上，上面是一盆芬芳馥郁的鲜花，再配上悠扬典雅的古典音乐，那气氛一下子就出来了。英式下午茶一般都是直接冲泡茶叶，再用茶漏过滤掉茶渣，然后倒入杯中饮用。当热水倾注而下，可以看到在水中慢慢蕴开的茶叶尖。而红茶与牛奶的组合更是曼妙无比，许久之后，口中仍留有淡淡的香甜，让人回味无穷。

茶点一般由女主人亲手制作，摆放在专门的三层点心瓷盘中。通常三层塔的第一层是放置咸味的各式三明治，如火腿、芝士等口味；第二层多放有泡芙、饼干和一种叫作 scone 的传统英式松饼（其吃法是先涂果酱、再涂奶油，吃完一口、再涂下一口）；第三层则放蛋糕及水果塔。食用点心的顺序往往是由淡而重、由咸而甜，所以茶点的食用顺序是从最下层开始往上吃：先尝尝带点咸味的三明治，让味蕾慢慢品出食物的真味，再啜饮几口芬芳四溢的红茶；接下来是涂抹上果酱或奶油的英式松饼，让些许的甜味在口腔中慢慢散发；最后才是甜腻厚实的水果塔，让你品味到下午茶的高潮之所在。

18 世纪中期以后，由于茶叶的进口量大增，英国政府又降低了关税，茶才真正进入一般平民的生活。到了 19 世纪末，"茶"和"英国"这两个字已经难分难解了。下午茶风俗也开始盛行于百姓之间，这种英国贵妇人之间风行的时尚逐渐平民化，成为一种普及化的生活方式。随着时代的进步，下午茶的形式现在已简化不少，但是正确的冲泡方式、优雅的摆设、丰盛的茶点，仍被视为吃茶的传统而继续流传下来，陪伴人们度过一个个优哉游哉的午后。

2. 喝茶成了高级文化

如同中国一样，在传统的英国社会中，妇女的地位一直比较低下，无论在公共场所还是在家里，妇女都只是男人的陪衬。在早期的酒馆和咖啡馆里，一般只能看到男人的身影，妇女根本没有表现和发泄自己的场合。而下午茶则为女主人提供了一种表现自己的特殊场合。在这里，女性才是真正的主人，她用精心制作的茶点、精美的茶具、舒缓的音乐营造出一片属于自己的天地，在这里与朋友品名畅谈，焕发出自己的生命光芒。久而久之，下午茶发展成为一种类似于日本茶道的仪式，并成为本民族的生活习惯和文化的不可分割的一部分，无形中提高了英国家庭妇女的地位。

在知道饮茶之前，只有少数上层人家可以享用咖啡、可可等饮料，英国人主要饮用杜松子酒、啤酒等带酒精的饮料，许多男人好斗、举止粗鲁。而现在我们却常以"英国绅士"来形容一个人的谦谦君子风范，恐怕与英国人后来爱好饮茶有着密不可分的关系——饮茶改变了英国人的性格。

深入人心的饮茶习俗以及颇具特色的茶文化，使得英国与欧洲大陆其他国家有了明显的不同。有这样一则笑话，一位初到英国的法国外交官，被某公爵夫人请去喝下午茶。在喝到第 14 杯时，这位外交官感到腹胀难忍，只好低声请求夫人"手下留情"，无论如何都不能为他再续添茶水了。原来，这位法国人不懂英国人的规矩，每次喝完杯中茶水后，没有将茶匙放进杯中以示到此为止。而公爵夫人不知底细，只好不停地为他续茶。其实，岂止那位法国人的肠胃受不了，公爵夫人更是万分痛惜她那宝贵的茶叶。

在英式下午茶文化的熏陶下，英国文学家更是在自己的作品中对之讴歌不断。18 世纪英国文坛泰斗塞缪尔·约翰逊（1709—1784 年）自称是"与茶为伴欢娱黄昏，与茶为伴抚慰良宵，与茶为伴迎接晨曦。典型顽固不化的茶鬼"。他创立的文学俱乐部便曾以茶会友，风靡一时。剧作家皮内罗（1885—1934 年）对品茶的精神文明更是赞赏备至："茶之所在，等于但愿之所在。"其他如诗人华兹华斯、作家狄更斯等，无一例外地对茶文化礼赞有加。《傲慢与偏见》中的众多主角们，用完餐后必有本土茶会。在这些大师们的推动下，"英式下午茶"已成为英国的象征之一，完美诠释了英式的典雅与悠闲。

有人甚至认为，饮茶不仅形塑了英国中上层人们的生活方式，改善了英国人的膳食结构，而且对促进英国社会的发展和经济的增长也起到了重要作用。有人曾下过这样的结论："英国工人饮用热茶是一个具有划时代意义的历史事件，因为它预示着整个社会的转变以及经济与社会基础的重建。"在工业化初期，机器尚未普及，工人的体力劳动在工厂或矿山生产中仍起着重要的作用，工作极为繁重。让工人集中精力且保持充沛的体力，是提高产量、保证安全的重要一环。茶叶加面包的组合不仅提神解乏，而且价廉物美，恰恰符合这一需要。英国著名经济史学家威廉逊就说："如果没有茶叶，工厂的粗劣饮食就不可能使他们顶着活干下去。"杰出的社会人类学家麦克法兰也曾说过，"一杯甘甜温热的茶可以让人心情舒畅，重新恢复精力。在以人力为中心的工业化时代，一杯美好的茶已经成为人们工作的重要推动力，它的重要性犹如非人力机械时代的蒸汽机。"对收入非常有限的劳动阶层来说，"面包＋茶叶"是他们非常理想的食谱。如果没有更便宜而且能够提供足够热量的日常消费品，在肉和啤酒价格飞涨的时代，很难预测能发生什么。18 世纪的一位牧师曾这样写道："感谢上帝赐我茶叶，若无茶叶，世界不知将若何！余生逢此有茶叶时代，深以为荣也。"相关研究表明，到 18 世纪后期，茶叶已经成为英国工人阶级新的饮食习惯中的主要食品之一；到 19 世纪后期，英国劳动者阶层一般要花费其食物总开支的 10％在茶叶和糖的消费方面，相比之下，肉的支出为 12％，啤酒的支出仅为 2.5％，茶叶以及面包和奶酪已构成日常饮食的核心部分。

英国历史上出现的许多新鲜事物也都与茶叶有关，广告就是其中之一。在当时的伦敦媒体（主要是报纸）上出现的第一个广告就是关于茶叶的广告，此后广告成为市场经济中一个不可缺少的要素。

在 1720 年英国人广泛饮茶之前，英国仅有北美、西印度殖民地及部分对印度和远东的贸易。而在此后的一个多世纪里，英国的殖民地不仅囊括了澳大利亚、加拿大，而且还拥有了非洲的很多地方及南美洲、印度等地，真正成为日不落帝国。人们确信，饮茶能保证战士的身体健康，增强其战斗力，茶叶因此代替酒类成为英军重要的必需品。当时就有人说，如果没有茶叶，英国人根本无法打赢这场战争。在给人们带来好的身体、好的心情、好的文化的同时，茶叶也随着大英帝国的铁蹄迅速传遍全世界，成为名副其实的"帝国饮料"。

3. 茶叶改变了世界

小小的一片茶叶，看似毫不起眼。然而，就是这个小东西，却悄无声息的改变了历史，改变了世界：它在亚洲引起了一场战争，使一个庞大的帝国走向衰落；而它的西进之路，又在美洲大陆引发了一场战争，使一个国家走向了独立。

中英两国相隔万里，但在 19 世纪的百年间，两个国家的关系却是异常密切，联系的契机主要就是因为茶叶。

随着税率的降低，茶叶逐渐成为英国人民的日常生活必需品。由于进口量巨大，茶税仍然是英国政府的重要财政支柱。在东印度公司垄断的最后几年，茶叶带给英国国库的税收平均为每年330万镑，相当于英国国库总收入的1/10和几乎东印度公司的全部利润。东印度公司结束后的多年内，英国政府每年从国内茶叶消费中获得的税收仍然是一个非常可观的数字。一旦茶叶供应不能保证，英国社会的安定和国家的财政收入就有可能受到影响。而中国是唯一的茶叶供应国，因此，英国对中国的依赖性很大，从18世纪末开始就一直试图采取各种手段建立同中国商业往来的通畅渠道。

而此时的中国处在大清帝国的统治下，发达的手工业和国内市场使中国在经济上高度自给自足，欧洲产品的中国市场非常狭小。曾经主持中国海关总税务司的英国人赫德在其书中曾写道："中国有世界最好的粮食——大米；最好的饮料——茶；最好的衣物——棉、丝和皮毛，他们无需从别处购买一文钱的东西。"想要购买中国茶叶，只能用中国较为缺乏的白银直接支付。

为了改变这种现状，解决从中国购买茶叶的问题，英国人发现了一种可以解决英国对华贸易逆差问题的绝佳商品——鸦片。在 1854 到 1858 年，英国对华贸易逆差每年仍将近 720 万镑，而鸦片贸易每年约 630 万镑——仅此一项就可弥补逆差总额的 89%！于是，在中英双方的较量中，便爆发了两次著名的鸦片战争。战争的失败使中国丧失了太多的东西：主权的不完整，领土的支离破碎，人民生活的水深火热……一个曾经辉煌的帝国，一个曾经傲然屹立于世界之巅的民族就此陷入了长达百年的沉沦之中。

茶叶贸易不但为英国政府带来了巨额的财富，而且英国人通过饮茶身体素质大为提高，各种传染病如痢疾、血吸虫病、鼠疫等大幅度减少。很多学者指出，在十七八世纪生活和医疗水平提高有限的情况下，英国人身体素质的提高和因传染病死亡人数的减少，与养成了良好的饮茶习惯有莫大的关系，甚至可以说是一个至关重要的因素。

有人说，"为了一壶小小的茶叶，中国文化几近毁灭"。试想一下，如果没有中国茶叶，如果英国人民没有养成饮茶的习惯，那么英国也许不会对中国有如此大的兴趣；如果不是因为想得到中国的茶叶，也许就没有鸦片这个荼毒国人百年的物件，中国社会还可能会继续在原来的轨道上行进。当然，一切都只是"如果"。

自 17—18 世纪前半期，英国在北美洲大西洋沿岸建立了一系列殖民地。而茶也已经成为殖民地人们生活中必不可少的饮料。根据 18 世纪中期到访北美的彼得卡尔姆记载，茶代替了牛奶作为早餐饮料。喝茶由家庭走向了社会。由于喝茶为相互结识提供了机会，年轻的男女们都非常喜欢它。喝茶已经变成了许多社会集会的借口，被邀请去喝茶也成了殖民地居民的重要事情。

由于意识到茶叶是国家税收的重要来源，英国政府开始在北美殖民地对茶叶征税，先通过 1765 年的《印花税法案》，规定凡殖民地所用茶叶及其他物品均需课税。两年后，又通过了《汤文森得》法案，在废除其他物品税的同时，对北美人民喜爱的中国茶叶，每磅仍需课税 3 便士。

1773 年，为帮助濒临破产的垄断殖民地茶叶运销权的英属东印度公司，英议会又通过救济该公司茶叶的条例：调低销价，准许他们在北美殖民地销售积压的茶叶专利，坚持输往北美 50 万磅的计划。同时重申禁止殖民地人民购买走私茶。这个法案引起了殖民地居民的强烈不满，他们试图通过不喝茶或改喝别的饮料来抵制该法案，富兰克林就曾经用胡桃木的叶子来代替茶。但是，没有任何一样东西能像中国茶一样可口美味。

1773 年 11 月 27 日，第一艘运载茶叶的"达特默斯号"到达波士顿港口，波士顿群众便在范乃依教堂集会，愤怒要求原船将茶叶运回，不得卸茶上岸。相继到达的"爱琳娜号""河狸号"也一直停泊在港内无法卸货。12 月 16 日，数十名印第安打扮的人手持短斧，分三组登上了茶叶船，打开船舱，劈开木箱，将 3 艘船上价值 18 000 英镑的 342 箱茶叶全部到入海中。这就是闻名世界的波士顿倾茶事件。

知识链接　　　　　　　　**波士顿倾茶事件**

波士顿倾茶事件（Boston Tea Party）又称波士顿茶党事件，是 1773 年发生的北美殖民地波士顿人民反对英国东印度公司垄断茶叶贸易的事件。1773 年，英国政府为倾销东印度公司的积存茶叶，通过《救济东印度公司条例》。该条例给予东印度公司到北美殖民地销售积压茶叶的专利权和税收方面的极大优惠，还明令禁止殖民地贩卖"私茶"。东印度公司因此垄断了北美殖民地的茶叶运销，其输入的茶叶价格较"私茶"便宜 50%，极大地冲击了殖民地人民自己的茶叶市场，这引起了北美殖民地人民的极大愤怒，纽约、费城、查尔斯顿人民拒绝卸运茶叶。在波士顿，出现了专门抵制英国东印度公司的波士顿茶党。1773 年 12 月 16 日，一批东印度公司的茶叶被运到波士顿港口，打扮成印第安人的波士顿茶党偷偷摸到三艘船上，将船上货物捣毁，并将 342 箱茶叶倒入港口内。此举被认为是对殖民政府的挑衅，英国政府派兵镇压，终于导致 1775 年 4 月美国独立战争的第一声枪响。

　　这一事件激化了美国殖民地人民和英国殖民者之间的矛盾。仅仅一年半之后，列克星敦的第一枪爆发，北美独立战争正式展开。1776 年 7 月 4 日，美利坚合众国宣告成立。1783 年 9 月，英国正式承认这 13 个殖民地脱离英国而独立，一个新兴的国家诞生了，并迅速崛起为世界的强国。

十五

教皇也爱看"黄历"：文艺复兴时期的占星风尚

生活在 21 世纪的人们可能已经对"黄历"非常陌生了。其实在旧社会，这东西在我们中国人的日常生活中扮演着很重要的角色。假如有人在某天诸事不顺，就会感慨说"出门没看黄历"。因为在这本小小的历书上，每一天都已经事先标明了适合做什么、忌讳做什么。有趣的是，欧洲人也曾盛行过这样的特殊风尚。有记载表明，中世纪欧洲曾出现过一种与中国黄历类似的东西——"占星年历"，它是由占星家根据其主顾的出生时刻经过推算后编写出来的，也就是说每个人的"占星年历"都不同。最令人不可思议的是，在这股风尚最盛行时，就连被视为上帝"执行人"的教皇居然也曾热衷于请占星家算命卜卦。

不可思议指数：★★★★☆

1. 教皇热衷看"星座"

对于当今社会中的许多年轻人来说，"星座"可能并不陌生，你是不是也对此颇有兴趣？在许多报刊或互联网的论坛上，有关星座以及与之相关的一些话题经常成为谈论的热点。其实，这一切都属于占星术的范畴。大致来说，所谓占星术，就是通过对星象的观测，进而将结果与人类的现实生活联系起来，最终得出某种结论，或解释已经发生的事情，或预测即将发生的事情。在很多人看来，这当然属于一种迷信活动，不过在另一些人看来，这却是一种探寻宇宙玄机的超能力。据历史记载，远在 3000 多年前的古巴比伦，人们便发展出最早的占星术。据说在那个时代，不管是王位继承还是对外作战，都要参考占星家的预测结果。后来，这种神秘文化传播到了欧洲，并在希腊罗马时期得到发扬光大。各种文献记载表明，当时占星术已迅速渗透到寻常百姓的生活中去。特别是罗马时期，几乎从上到下都信奉占星术。甚至在医生给人看病时，都要参考占星的结果来进行治疗。

罗马帝国灭亡后，在漫长的中世纪，尽管基督教会曾对占星术予以压制，但基本上没有什么效果。最终到文艺复兴时期，占星术迎来了最辉煌的时期，而对它的迷信也成为当时最显著的社会风尚之一。尤其是社会上层，人们对占星术的重视程度几乎到了荒诞的地步。在这种特殊的社会氛围中，欧洲先后涌现出一大批著名的占星学家，而各国的统治者也对他们非常器重，使后者得以介入国家的政治生活中。例如在公元1066年诺曼底公爵威廉渡海征服英国时，据说正值哈雷彗星出现，人们认为正是这颗彗星"引导着公爵取得胜利"。而威廉自己也非常笃信占星术，在远征时就带着自己的宫廷占星家。接着占星家又为他择定了加冕为英国国王这一仪式的吉时——公元1066年圣诞日中午，这一时刻被认为非比寻常，它可能为英格兰带来幸运。而在漫长的英、法"百年战争"（1337—1453年）期间，占星家们还积极预测战役的胜负、国王的死期以及王位继承人的命运等。

13世纪以后数百年间，笃信占星术的风尚在欧洲达到了巅峰时期。最具有讽刺意味的是，甚至许多教皇也对占星术深信不疑。而原本按照教会的观点，只有上帝才能决定世界的一切，像占星术这样的江湖伎俩一向被视为异端学说。然而在这股风尚的影响下，甚为教会领袖的教皇对算命表现出了异乎寻常的热情。据历史记载，教皇克雷芒六世（Pope Clement VI，1291—1352年）就曾命占星家穆尔斯为其排算了"占星年历"。而教皇保罗三世对占星术痴迷的程度甚至达到了"在占星学家为他定出时间之前是从不召开枢机主教会议的"的地步。与我们中国"黄历"的通用性不同，欧洲的这种"年历"只适用于个人，它实际上是一份预言编年表，即由占星学家根据其人出生时刻的算命天宫图，推算出此人今后逐年的祸福、健康、奇遇、注意事项等等，有时可以长达数百页。

当时的欧洲人相信，占星家为某人所排算的占星年历有多少年，就意味着此人能活多少岁。

欧洲这种风尚的盛行，最集中地体现在"文艺复兴"时期。当时，各国的君王贵族等上流社会人物普遍沉迷于占星术。例如在文艺复兴的发源地意大利，占星术几乎渗透到每一个地区，以至于当时意大利的上层社会几乎家家都雇有一位占星学家。那时，每个地方君主的宫廷里都有占星学家充当顾问，为他们的大小事务出谋划策。例如著名的伊丽莎白一世女王，其举行加冕典礼的日子就是请占星学家约翰·迪专门推算选定的。有趣的是，据说在佛罗伦萨等"自由城市"中，甚至有市政府正式任命的占星学家。而在许多大学里，居然出现了专职的占星学教授。就连伟大的科学家牛顿，年轻时也曾买过关于占星学的书。

除了借助占星术来预测吉凶、挑选良辰吉日外，文艺复兴时期的欧洲人还将其运用到医疗活动中。例如，公元 13 世纪下半叶著名的意大利医生彼得在其《安抚者》中提出，关于天体运行的知识，对于医学而言不仅是非常有用的，而且是"根本的"；而每一次服药，都应该在研究了日、月和五大行星的位置之后再进行。如果今天的医生看到那个年代的同行所使用的仪器，一定会觉得莫名其妙。因为呈现在他们面前的竟然包括：一种专供医生使用的星盘，星盘周围刻有黄道十二宫、昼夜二十四时等；一套同轴圆盘用来指示日、月、五大行星位置。医生们之所以准备这些仪器，是为了帮助他们在施治时了解天象内容，从而对病人"对症下药"。在那个年代，医学界的"大佬"判定一位医生的优劣，其主要标准便是看其在占星术方面的造诣。例如 16 世纪最著名的医生帕拉切尔苏斯（Paracelsus，1493—1541 年）就对后辈们强调，医生必须通过星辰获取苍穹的判断，以此来解释病症、病因、病理等，假如一名医生不具备这种用占星学进行解释的技艺，那他就是一个"冒牌货"。

既然市场的需求如此之大，自然就催生出了一大批著名的占星学家，例如文艺复兴晚期的第谷、开普勒、卡尔达诺等人，他们同时还是杰出的科学家。而到 16—17 世纪，英国的福尔曼（1552—1611年）、威廉利利（1602—1681 年）以及布克（1603—1667 年）等人更开始将占星术作为一种商业。他们像律师、医生一样开办事务所公开营业，通过为公众提供咨询来收取费用。由于业务非常繁忙，其收入也甚为可观。

知识链接　　　　　　　　　　**帕拉切尔苏斯**

帕拉切尔苏斯，原名特奥弗拉斯特斯·博姆巴斯特·冯·荷恩海姆，1493 年生于瑞士，1510 年进入巴塞尔大学学习，后周游欧洲各国，在意大利的费拉拉城取得了医学博士学位。1527 年，他被任命为巴塞尔大学的医学教授。荷恩海姆自负而又傲慢，对从前的医生批评十分尖刻，他自称帕拉切尔苏斯，意思是超过"切尔苏斯"，部分著作被翻译为"塞尔苏斯"。他是古罗马时期百科全书《De artibus》（这部原著至今仅存八册，被称为《医学》）的编纂者，一位著名的医生。据说，帕拉塞尔苏斯还十分看不上当时被人们奉为权威的古代医生盖仑，有一次上课时，他把盖仑的著作连同硫黄和硝石一起放在黄铜盘子里烧了。

---

2. 为占星术献出生命的卡尔达诺

在占星术盛行于欧洲期间，那些达官贵人们之所以热衷此道，无非只是为了保住自己的荣华富贵。不过对于众多的业内人士而言，维护自己的职业声望甚至要比生命还重要。16 世纪著名的占星家卡尔达诺，就用其悲壮的一生诠释了欧洲历史上最不可思议的一幕。

卡尔达诺（Cardano，1501—1576 年），意大利人，文艺复兴时期著名的数学家、医学家、物理学家、哲学家及占星家。身为一名法官私生子的他，自幼经历坎坷，长大后学习古典文学、医学和数学，同时又醉心于占星术的研究。1570 年，他因为给耶稣算命而受到宗教法庭监禁，被起诉为异教徒。1571 年，卡尔达诺移居罗马，结果幸运地因为占星学造诣而得到教皇皮乌斯五世的赏识，后者付给他终身年薪，并将其留在教廷供职。在科学史上，卡尔达诺堪称传奇般的人物。他一方面在数学、哲学、物理学和医学中都有一定成就，因此被誉为百科全书式的学者。然而在另一方面，性格怪异的卡尔达诺又痴迷于占星术，却不料这一兴趣竟给自己带来了意想不到的灾祸。

1552年，已是欧洲著名医生的卡尔达诺前往英国爱丁堡，为大主教及其他达官显贵治病。而在这期间，他还留下了占星术历史上的一段趣话。原来，当时年幼的英国国王爱德华也是一位占星术"发烧友"。当听说赫赫有名的占星大师卡尔达诺到来后，小国王赶紧召见了他，要求算一下自己的寿命。经过一番推算，卡尔达诺乐观地预测，国王将至少可以活到55岁。却不料，大师的这次海外演出彻底砸锅了。另他极度尴尬的是，没过几天，爱德华国王就突然去世了。为了挽回自己的声誉，卡尔达诺随后发表了爱德华的天宫图，并附上一篇文章向他的粉丝辩解说：自己的预言之所以失败，只是由于在计算时略去了一些细节，而这些细节的计算要耗费他100多个小时。因此，他不过是"因懒惰而冒险"，这才铸成大错。

更令人不可思议的事还在后边呢！传说在晚年时，卡尔达诺本来已经为自己算好了确切的死期。可是到了那一天，或许是上帝大发慈悲了，老先生依然没有临终的迹象。于是历史上最令人震惊的一幕发生了：为了使自己的"预言"得以应验，从而维护自己占星家的声誉，卡尔达诺竟采取了石破天惊的举动——自杀！正所谓"我不入地狱，谁入地狱"，这样的职业精神，有几个人能做到？

3. 占星家鼓起了国王的勇气

文艺复兴时期欧洲上层社会对占星术的热衷，还演绎了一系列极具传奇色彩的故事。其中，著名占星家第谷对丹麦及瑞典王室的影响，堪称这股风尚的绝唱。

第谷·布拉赫（Tycho Blah，1546—1601年），丹麦天文学家和占星家。他出生于贵族家庭，1559年进入哥本哈根大学读书，1566年开始到欧洲各国漫游，并在德国罗斯托克大学攻读天文学，从此开始了毕生的天文研究工作。1599年，受神圣罗马帝国皇帝鲁道夫二世的邀请移居捷克首都布拉格，在那里建立了一座天文台。在天文学方面，第谷做出了一系列不可磨灭的贡献。他所做的天文观测精度之高，令同时代人都望尘莫及，另外他所编制的恒星表也相当准确，至今仍然有使用价值。虽然后世科学家将第谷视为现代天文学的奠基人之一，但在他生活的时代，人们似乎更将其视为享有巨大声望的占星大家。

或许是受当时社会风尚的影响，早在少年时代，第谷就对占星术表现出了浓厚的兴趣。据说还在德国莱比锡大学求学时，第谷就为一位教授推排过算命天宫图。20岁那年，他在罗斯托克适逢一次月食，经过推算后，他惊人地宣称：此次月食兆示着土耳其苏丹苏莱曼一世（Suleiman I）之死。令人称奇的是，不久之后，果然传来苏丹的死讯。尽管后来人们了解到这位苏丹其实是死于月食发生之前，不过按照占星圈里的某些潜规则，第谷的这次预言仍很成功。

知识链接
苏莱曼一世

苏莱曼一世（1494—1566年），奥斯曼帝国苏丹（1520—1566年在位）。在位期间，帝国处于鼎盛时期。对内颁布《苏莱曼苏丹法典》，改革行政制度，因而被称为卡努尼（立法者）。对外扩张疆土，曾13次亲征。1521年攻占贝尔格莱德，1522年夺取地中海上的罗得岛，1526年打败匈牙利，占有巴尔干半岛西部及多瑙河下游地区。1529年曾围攻维也纳。1538年，土耳其海军在地中海战败威尼斯与西班牙的联合舰队，取得地中海的制海权。1566年9月在最后一次远征匈牙利时病逝。

在他所生活的时代，第谷绝对算得上占星风尚的引领者。在替这种我们眼中的迷信活动辩护时，他指出，占星术与神学并无冲突，因为《圣经》只禁止妖术，并不禁止占星术。1576年，丹麦国王将位于丹麦海峡中的汶岛赐于第谷，并拨巨款为他在岛上修建宏大的天文台。不过在汶岛上从事天文学研究期间，第谷还必须为丹麦王室提供各种占星服务。因为如同当时所有的欧洲贵族一样，丹麦的王室成员也非常热衷于请占星家为他们算命。既然是后台老板的要求，第谷自然不敢怠慢。他精心为丹麦国王的三位王子分别推排了算命天宫图，这三份装帧华美的文献至今仍珍藏在哥本哈根的丹麦王家图书馆中。如果有幸看到这些文献，我们会发现它们实际上是一份冗长的报告，先是王子降生时刻的日、月、五大行星在天空中的位置图示，接下来是各种计算和详细论证。所有内容都用拉丁文写成，而最后的结论部分则用德文书写，因为当时的丹麦王后是德国人。

第谷不仅在丹麦备受器重，随着他的声誉在欧洲广泛传播，其他国家的王公显贵也纷纷前来向其请教。

有一天，第谷在自己的工作室接待了一位年轻贵族，其名叫古斯塔夫，是瑞典王室的成员。在经过一番推算后，第谷居然得出了一个惊人的结论：古斯塔夫未来将成为瑞典国王。听到这样的结果，古斯塔夫当时就表示难以置信。因为他深知，从血缘关系上论，自己只不过是瑞典王室的支系后裔，所以在正常情况下是不可能继承王位的。然而谁又能想到，就在第谷去世之后的第十个年头，古斯塔夫竟真的登上了瑞典王位！

知识链接

古斯塔夫二世

古斯塔夫二世·阿道夫（Gustav II Adolf，1594—1634 年），瑞典国王，著名军事改革家，曾指挥瑞典军队击败了俄国军队、波兰军队和神圣罗马帝国军队，被后世誉为"北方雄狮"和"现代军事之父"。

原来，古斯塔夫的祖父是瑞典王国瓦萨王朝的开创者古斯塔夫一世·瓦萨，他有三个儿子，依次是埃里克、约翰和查理。其中，查理即为古斯塔夫二世的父亲。不过，古斯塔夫一世去世后，长子埃里克继承

了王位，约翰被封为芬兰大公，查理被封为西耶特兰大公。后来，在一场宫廷内乱中，约翰与查理联合起来废黜了埃里克，约翰登上王位，他死后遗命将王位传给自己的儿子——波兰国王西吉斯蒙德。但是西吉斯蒙德还未来得及回国，查理就自立为王，称为查理九世。因此，怀恨在心的西吉斯蒙德始终坚持自己是瑞典王位的合法继承人。

1611 年 10 月 30 日，查理九世病逝。根据继承法，身为长子的古斯塔夫理应继位，不料一场政治危机几乎使他与王权无缘。由于坚持自己对瑞典王位的继承权，西吉斯蒙德率领大军前来进攻瑞典时，试图从 17 岁的古斯塔夫手中夺回王位。危机时刻，古斯塔夫突然想起了当年第谷对他算命时说的一番话，顿时豪情万丈，勇气倍增。最终，他凭借着坚定的毅力和出色的组织能力，居然成功挫败了对手。

文艺复兴时代结束后，随着近代科学的向前发展，带有浓重迷信色彩的占星术逐渐成为退出欧洲社会风尚的主流圈。到 17 世纪以后，曾经盛极一时的占星风尚日渐走向衰落，人们终于走出了神秘主义的幽谷。

十六

追求长生不老：古代中国的炼丹狂热

人类的寿命究竟能有多长，相信我们都有个大致的概念。科学告诉我们，如果无病无灾，人类的理想寿命还不到 200 岁。如果想要突破这个"瓶颈"，恐怕就得采取非常规措施了。或许正是因为做到这一点太难太难了，但凡神智正常的人都不会做此白日梦。然而在古代中国，有众多的帝王权贵，竟将这个梦一直做了千百年，从而导演了一股狂热的风尚——炼丹。

不可思议指数：★★★★☆

1. 仙丹原来是毒品

在中国古代神话传说中，有一位名叫赤松子的人，偶然间服用了一种名为"冰玉散"的长生不死药，结果成为神仙，不但可以入火而不化，还能随风雨而上天入地。而在青少年都非常熟悉的《西游记》中，大闹天宫的齐天大圣也曾在太上老君的洞府中偷吃了大量仙丹，因而可以长生不老。那么，这种仙丹真的有那么神奇吗？无论如何，对于这一点，许多古人是坚信不疑。

中国古代神话认为，所谓的仙，实际上原本也是凡人，他们或通过自我修炼，或通过吞食丹药后得以长生，即"成仙"。而受长生不老的诱惑，许多权势显赫的人物便不惜一切代价，试图获取传说中的仙药。早在公元前 3 世纪，自命不凡的秦始皇就曾派徐福率领上千名童男童女，去东海为他寻求能够不死的仙药。虽然最终不了了之，但这一事件却对后世却产生了巨大影响。为了寻求长生的奥秘，帝王们不惜大量投入人力物力。经过长时间的摸索后，炼丹术终于出现了。

西汉初期，中国的炼丹术其实已经有相当的发展，以汉武帝为代表的不少皇帝，都对炼丹术极为痴迷。到东汉时期，由于方士们的忽悠，炼丹的风气也逐渐深入民间。所谓"丹"，原指丹砂，即硫化汞，除炼得丹砂外，方士们还用铅白制成铅丹。那么，这些所谓的仙丹又是如何炼成的呢？

如果看一下炼丹的原材料清单，相信你会大吃一惊的。据记载，炼丹主要用五金、八石、三黄为原料，而炼成的多为砷、汞和铅的制剂，吃下去以后就会中毒甚至死亡。但是受科学水平的局限，起初人们并不知道其中的危害。例如在魏晋南北朝时期，上层社会的人们就十分流行服用这种丹药。他们当时把丹药称为"五石散"，认为其可以助人成仙。结果在上流社会的引领下，人们掀起一股"服石"之风。有趣的是，由于"五石散"中主要成分为砷制剂，服用后会浑身发热，甚至要泡在冷水中才能解脱，所以社会上就又流行起宽肥的服装。再后来，炼丹家们进一步又炼出了升华的砒霜（即三氧化二砷），人只要服用一丁点儿就会出现飘飘欲仙的感觉，这简直类似于今天的"摇头丸"。结果却是，服用者不是中毒就是发病死亡。遗憾的是，在追求长生的社会风气影响下，人们对丹药的嗜好依然在持续。

中国炼丹术在唐、宋两代进入了黄金时期。尤其是在唐代，大多数帝王都宠信方士，迷信神仙方术，并热衷于炼丹。据统计，仅服食"长生不老丹"而身亡的唐朝皇帝就有太宗、宪宗、穆宗、武宗、宣宗等五人，中毒得病的皇帝还不算在内。受此影响，唐朝的炼丹风尚可谓登峰造极。不但王公贵族们纷效仿皇帝去炼丹服药，就连许多名士文人也都去炼丹，甚至李白、白居易这样的大诗人也不例外。由于痛感这股时髦风气带来的危害，同样曾热衷于炼丹的白居易在晚年曾赋诗一首："退之（韩愈）服硫黄，一病讫不痊；微之（元稹）炼秋石，未老身溘然；杜子（杜牧）得丹诀，终日断腥膻；崔君（崔元亮）夸药力，经冬不衣棉；或疾或暴夭，悉不过中年。"

2. 汉武大帝也犯糊涂

从其制作过程及所需原材料来看，要想炼制功效神奇的仙丹，显然不是一般百姓能够承受得起的。所以从一开始，炼丹风尚就基本上是皇帝及贵族的专利。实际上，古代中国的皇帝与西方的君主在个人追求方面有很大差异，因为他们通常情况下并不在乎财富，而对长生不老却情有独钟。

在西汉王朝前期，由于道家思想的盛行，一些皇室成员对炼丹极为痴迷，其中最著名的人物当属淮南王刘安（公元前179—公元前122年）。中国民间有一句著名的成语：一人得道，鸡犬升天，其实就来源于刘安的炼丹活动。传说中，刘安堪称当时对炼丹极为狂热的皇室贵族。他经常召集道士、儒士、郎中以及江湖方士，他们聚集在寿春北山筑炉炼丹，在社会上产生了巨大影响。据说在仙丹炼成后，刘安等人还未来得及服用，就听说汉武帝派人来逮捕他们了。于是刘安赶紧与家人服下丹药，当即成仙升天。不可思议的是，他们仓促升天时残留了一些丹药留存在庭院之中，被他家的鸡犬啄食，结果连这些家畜也全部升天而去。

淮南王刘安虽然升天了，但他的衣钵却被后人继承下来了。因为在抄了刘安的家后，汉武帝刘彻居然也对炼丹发生了强烈的兴趣。据记载，为了实现长生不来的梦想，雄才大略的汉武帝居然召来许多方士，从而使汉朝的炼丹事业进入了大发展时期。当时，汉武帝听说露水是"天露"，食之可长生不老，便下令在宫中建起高达20丈的石柱，石柱上面安放着一个青铜铸成的"承露盘"，夜间露水凝结在盘里形成"仙露"。不久，有一位名叫李少君的方士求见汉武帝，他忽悠这位皇帝说，祭奠炊灶就能招致鬼神，招致鬼神就能使丹砂变黄金，用这种黄金制作的食器进食就会增加寿命。听完这番鼓吹，原本就意志不坚定的汉武帝不禁心动，于是便亲自烧炉炼丹。结果，一心想长生不老的皇帝不但没有成仙得道，反而因在炼丹过程中吸入大量有毒的汞蒸汽，身体大受毒害。以至于晚年的他神智失常，不但穷兵黩武，还在宫廷内制造了一系列冤案。

3. 唐朝皇帝的接力游戏

进入大唐帝国后，中国的炼丹风尚进入了最鼎盛的时期。如前所述，在唐代，几乎朝野上下都对炼丹表现出了巨大的热情。而之所以会出现这种局面，很大程度上离不开皇帝们的带头。据统计，唐朝一共有21位皇帝，他们大多崇尚道教，迷信方术，酷爱服食丹药。例如唐高宗、武则天、唐玄宗以及唐文宗等，都曾服用过丹药。然而令人悲哀的是，服食丹药并没有延长他们的寿命，恰恰相反，至少有5位唐朝皇帝——太宗、宪宗、穆宗、武宗、宣宗因为长期服用丹药中毒丧命。

唐太宗李世民是唐朝历史上最杰出的皇帝，曾开创了历史上著名的"贞观之治"。据历史记载，英明神武的唐太宗原本对炼丹风气是很不感冒的。贞观二十年（646年），在一场战役中，唐太宗不幸染病。或许是因为日渐老迈和对死亡的恐惧，这位原本不信邪的皇帝也开始对长生之术产生了兴趣。一年后，唐太宗又中风了，一度瘫痪在床。虽然当时御医认为他只要接受精心治疗就会痊愈，但是此时的皇帝却迷恋上了方士们炼制的丹药，希望自己长生不老。他先是服食了国内方士炼出的丹药，由于效果不明显，于是又派人四处访求国外高人。

又过了一年，唐太宗手下的大臣王玄策在一次战役中俘获了一位印度和尚。为迎合李世民祈求长生不老的心理，王玄策便将此和尚献给了皇帝。在唐太宗面前，这个印度和尚吹嘘自己已有岁高龄，专门研究长生不老之术，并信誓旦旦地说只要吃了他炼的丹药，不仅能长生不老，甚至可以在大白天飞升到天宫里去成为仙人。没想到，唐太宗还真相信了。于是他下令按照印度和尚开出的配方搜集各种原料，甚至专门在皇宫内建造了一座炼丹的冲天炉。一时之间，长安城内被折腾得乌烟瘴气。一年后，印度和尚宣布丹药炼成了，喜出望外的唐太宗立即将这些药全吃了下去，结果却很快不治身亡，时年仅52岁。

唐太宗的悲剧发生后，他的后代子孙们似乎并没有接受教训，依然对炼丹表现出强烈的兴趣。唐宪宗李纯堪称唐朝中后期一位很有作为的帝王，然而晚年的他却与其先祖唐太宗一样，在许多道士的蛊惑下专心炼丹服药，以求长生不死。818 年，宪宗下诏在全国征求方士。宰相皇甫镈为博得皇帝的欢心，向其推荐了一位名叫柳泌的江湖道士。经过一番忙碌，柳泌终于炼出了所谓的仙丹，而宪宗也满怀希望地开始服用。结果由于该药含有毒性，819 年，宪宗因药性发作，身体每况愈下。唐宪宗驾崩后，继位的唐穆宗虽然惩处了柳泌一伙，但他本人也一度迷恋上了炼丹。

大唐帝国晚期，对炼丹最为痴迷的皇帝当推唐武宗和唐宣宗。唐武宗据说从小就喜好道术，因此即位后便在宫中广设道场，并拜道士赵归真为师，请后者为他炼制丹药。由于成仙心切，他多次催促道士们炼制自己需要的丹药。无奈之下，试图蒙混过关的赵归真只好开出了一个炼丹所需的材料清单：李子衣十斤，桃毛十斤，生鸡膜十斤，龟毛十斤，兔角十斤。相信只要思维正常，就是小孩也知道这些东西是永远无法找齐的，可是身为皇帝的武宗居然真的下令手下到各地求购。后来，由于服用所谓的丹药，武宗的身体受到极大损伤。在药物的作用之下，他开始变得容颜消瘦、性情乖张，终于在公元 846 年一命呜呼。令人哭笑不得的是，在武宗的儿子宣宗即位后，虽然立即杖杀和流放了道士赵归真等人。但到晚年时，他也禁不住社会风气的诱惑，开始服用丹药以求长生不老。由于中毒太深，他的背上长出脓疮，最终毒发身亡。

4. 史上最疯狂的炼丹皇帝

明朝应该是最后一个盛行炼丹风尚的王朝，该王朝还涌现出中国历史上对炼丹最痴迷的一位皇帝——嘉靖。事实上到明朝时，炼丹术已经发展到了尽头。1 000 余年的历史证明，所谓的仙丹根本就不存在。但尽管如此，在公元 16 世纪中叶，嘉靖皇帝仍上演了历史上最疯狂的一幕闹剧。

嘉靖名朱厚熜，是明朝实际统治时间最长的皇帝（1521—1566 年在位）。在其即位之初，曾有一阵励精图治。但不久因与朝中大臣发生矛盾，他开始日渐腐朽，并且迷信方士，后来，干脆搬出皇宫移居西苑，一心炼丹以求长生。

不可思议的是，为了寻找长生之道，嘉靖居然听信道士们的理论，通过各种稀奇古怪的手段获取丹药。例如他所服用的"红铅丸"中的主要成分，就是十三四岁少女初次月经的经血。因此，嘉靖一朝，朝廷多次在民间选宫女，每次数百人。这些宫女，一方面是为炼制红铅丸提供原料，另一方面则是充当世宗泄欲的工具。在"红铅丸"中，还有中草药、矿物质及秋石等成分。而其中的秋石，据说竟是用童男、童女尿炼制而成。据英国著名的中国科技史家李约瑟研究，明代道士所炼的秋石，实际上即从大量的人尿中提取的性激素制剂。也就是说，秋石的加入，只能使红铅丸具有春药的功能。正是依靠这些药物，嘉靖疯狂地对少女们进行所谓的"采补"。根据中国古代房中术的理论，所谓的"采补"之术即是把少女当作炼内丹的"炉鼎"。这种交配态度，其实对于女方是一种变相的摧残。此外，嘉靖命令宫中的宫女们每天日出时分就去御花园中采集"甘露"，供他饮用。许多宫女因此累倒病倒。

知识链接

李约瑟

李约瑟（Joseph Terence Montgomery Needham，1900—1995 年），英国现代生物化学家、汉学家和科学技术史专家，长期致力于中国科技史研究，为中国培养了一批优秀科技史学家。1994 年被选为中科院首批外籍院士。他所著的《中国的科学与文明》（即《中国科学技术史》）对现代中西文化交流影响深远。

终于，这位变态的皇帝迎来了灾难性的时刻。由于他的暴戾、好色，渐渐引起了宫女们的怨恨。嘉靖二十一年（1542 年），十余名备受摧残的宫女联合起来，上演了一出谋杀变态皇帝的行动，史称"壬寅宫变"。据记载，这年的 10 月 20 日深夜，以宫女杨金英、邢翠莲为首，她们乘嘉靖入睡之际，试图用黄绫布将其活活勒死。不幸的是，由于皇后的突然到来，惊慌失措的宫女们失败了，最终她们被凌迟处死。而侥幸逃脱一死的嘉靖则干脆就搬出皇宫，前往西苑的万寿宫居住，并在那里专心地炼起丹来。由于长期服用有毒的丹药，嘉靖皇帝的脾气越来越乖张，许多大臣动辄被杀头或廷杖。

令这位变态皇帝失望的是，虽然在炼丹方面投入了无数的精力，但他仍无法逃脱死亡。公元1566年10月，怀着无尽的遗憾和愤懑，嘉靖走完了自己的人生之路。而此时，大明王朝已被他折腾得千疮百孔了。

值得庆幸的是，进入16世纪以后，越来越多的人意识到，号称能使人长生不老的仙丹是根本不存在的。因此在这之后，在古代中国统治阶层内持续了上千年的炼丹风尚也淡出了人们的视野。

十七

高贵的"范儿"：魏晋时期士大夫的清谈风

我们生活在一个多元化的时代，许多怪异行为都能得到包容。对于那些叛逆青年而言，留长发、听摇滚、K 歌、酗酒乃至吸食大麻，似乎都是他们的专利，只有这样才使自己显得与众不同。但是如果他们与 1 700 年前的魏晋士人们相遇，恐怕就会羞愧得无地自容。这些历史上最叛逆的人物，不但文化素养高，行为更加怪异，就连人家清谈时的嘴上功夫，也是那么的潇洒玩酷。

不可思议指数：★★★★☆

1. 斗嘴的黄金时代

从社会风尚的角度而言，在古代中国历史上，继三国之后的魏晋两朝无疑是一个特殊的时代。在这一时期，涌现出了一大批极具个性的社会名人。他们往往举止怪诞、性情怪异，尤其热衷于清谈，没事就聚在一起斗嘴，这股风气一度盛行于整个士大夫阶层，成为一种非常高级的社会时尚。

所谓清谈，又称"玄言""玄谈""谈玄"，是魏晋时期崇尚虚无空谈名理的一种风气。它以谈玄为主，即以《周易》《老子》《庄子》"三玄"为基本内容，用老庄思想解释儒家经典。自从汉代独尊儒术后，就有一部分士大夫不甘心被禁锢，因而积极投身于对玄学的研究，而后者则为他们蔑视礼法和争取。到魏晋时期，由于对当时政治的黑暗以及虚伪的礼教极其不满，这些士大夫便经常公开发表离经叛道菲薄圣人的言论。他们提出"越名教而任自然"的玄学主张，主张回归自然，厌恶儒家各种人为的烦琐礼教。虽然他们表面上放荡不羁，但实际上内心却充满了苦闷。

客观上讲，魏晋清谈之风的盛行是时代发展的产物。话说自东汉中叶以后，外戚、宦官交替专权，政治日益腐败，面对这一社会政治现实，以太学生为代表的一些人对现实政治持批评态度，这种品评人物的风气被称为清议。为了压制清议，掌权的宦官先后制造了两次"党锢之祸"。在残酷的政治迫害下，许多文士从此不过问政治，采取消极避世态度，纷纷转向以抽象哲学讨论为主的清谈。到魏晋时期，由于士族地主势力的发展及其不同集团之间的斗争，终于使玄学在短期内蔚然成风。清谈家多出于士族，他们经济上有世传的丰厚祖产，在政治上不必操心费力，仅靠祖上资荫，年纪轻轻就可以当上公卿之类的高官。不过与此同时，魏晋时期统治阶级的内部矛盾非常严重，并集中地表现在门阀士族之间的争权夺利上。尤其在正始时期，曹氏政权与司马氏集团展开了激烈的斗争。在司马氏取代曹魏政权前后，不同政治集团互相杀戮，结果导致许多名文士惨遭杀害。于是广大世家大族为明哲保身，纷纷选择逃避现实，走向坐而论道，整日谈说玄理。而在这些社会精英的引领下，社会上许多人都开始来赶时髦。

知识链接

建安七子

建安年间（196—220 年）七位文学家的合称，包括：孔融、陈琳、王粲、徐干、阮瑀、应玚、刘桢。这七人大体上代表了建安时期除曹氏父子之外的优秀作者，所以"七子"之说得到后世的普遍承认。他们对于诗、赋、散文的发展，都曾做出过贡献。

由于特殊的政治氛围以及相对富足的生活，当时的士人能有足够的闲情逸致穿着宽袍大袖，聚在一起饮酒行文，高谈阔论，而不善清谈之道者就要被耻笑。概括起来，魏晋清谈之风有两种现象，一种是率性而为、慷慨任性的自我放逐现象；一种是服药饮酒、扪虱而谈自我标榜现象。前者的代表人物是嵇康、刘伶等，被后世称为魏晋风骨；后者的代

表人物为何晏、夏侯玄等，被后世称为魏晋风度。在清谈之风盛行期间，魏晋名士们蔑视礼法、摒弃世务、放浪形骸，他们服寒食散、酗酒成性、赤身裸裎……为后人演绎了一幕幕丰富多彩的时尚传奇。

清谈风尚流行期间，在魏晋士大夫看来，人应当按每个人生来具有的个性去生活，应当想哭就哭，想笑就笑，率性而为，不拘礼仪，举止动作顺其个性自然。而如果为了达到功利目的而虚伪地修饰自己，则是最丑陋、最庸俗的。不过在实际上，彻底"离俗"是不可能的，自由的"飘然"也只能存在于短暂的精神幻想中。于是在当时的条件下，他们只好通过感官的烈性刺激以获得短暂的解脱，从而便有了服寒食散、酗酒，甚至赤身裸裎等怪诞的行为。

关于魏晋时期的清谈之风有多么兴盛，我们可以通过著名的《世说新语》了解个大概。这本书中有许多关于清谈的故事，仔细读起来会觉得很有趣。比如有一个故事，有一天，西晋的众多名士都到首都洛阳郊外的洛水之滨去聚会。当他们尽兴而归后，未能与会的乐广问大名士王衍玩得咋样，后者便向他描述了一番名士们清谈时的情景：裴度说名理，雄辩滔滔；张华说《史记》《汉书》，娓娓动听；他王衍和王戎论历史上以清高著名的春秋吴国之延陵季子、汉代人张良，堪称高妙明切。（原文为：诸名士共至洛水戏。还，乐令问王夷甫曰："今日戏乐乎?"王曰："裴仆射善谈名理，混混有雅致；张茂先论《史》、《汉》，靡靡可听；我与王安丰说延陵、子房，亦超超玄著。"）通过王衍的描述，我们可以想象一下当时的情形：一大帮社会名流、精神贵族聚集在风景优美的洛水之畔，没有烟熏火燎的烧烤，也没有嘈杂的音乐，而是每个人发挥自己的专业优势，对一些哲学、历史话题展开高谈阔论，直至尽兴而归。在清谈时，他们的手中还不停地挥舞着一种名为麈尾的专用器具。这种器具像一把长柄的小小的羽毛扇，只不过扇面部分是用鹿尾巴的毛铺排成的。可以想象，清谈中，名士们缓缓挥动着它，仪态优雅，口吐清妙之音，这是多么高雅的一幕啊！至于那些凡夫俗子，在他们面前又怎能不自惭形秽呢？

在魏晋时期，清谈有时还是一种非常高档的交际手段。例如大名士王衍，他的第四个女儿嫁给另一位名士裴遐。二人结婚后几天，王家大宴宾客，广召名流，其中包括当时著名的玄学大师郭向。宴会上，郭向与裴遐上演了一番清谈秀。虽然郭向堪称满腹经纶，但裴遐也能从容应答，且理致精微，因此赢得满堂喝彩。看到女婿的精彩表演，身为岳父的王衍不禁有些飘飘然，并得意地警告其他客人不要自找麻烦。

2. 不可思议的"潇洒哥"们

如果以为善于清谈的魏晋士人只会斗嘴，那就大错特错了。实际上在这股风尚大潮中，众多清谈家还有很多稀奇古怪的爱好呢，尤其是喝酒、服药乃至化妆等，都曾被这些社会精英发挥到极致。

先说在个人形象方面，为了使自己看起来气质不凡，魏晋时期的士人都非常热衷于打扮和化妆。因为在清谈家们公认的经典《庄子·逍遥游》中曾写到，在藐姑射之山住着一位仙子，肌肤如冰雪，绰约有致，不食人间烟火，餐风饮露，腾浮云，驾飞龙，逍遥于四海之外。后来，这一超凡脱俗的仙子形象就成了许多魏晋名士所追逐的最高境界。据说在当时，主流社会普遍以"白"为美，而男人们更是如此。在这一时尚风向标的指引下，"傅粉"就成了许多名士很自然的选择。例如才高八斗曹植就曾一度是傅粉的时尚急先锋，他特别喜欢打上粉底再会见当时名流。有趣的是，他的哥哥曹丕不但在政治上与其展开了激烈竞争，而且在形象上也不甘落后。或许是知道自己肤色较黑，再怎么抹粉也比不上曹植白，曹丕就在搜罗各种奇异的香料，然后用来熏衣，从而通过香气来吸引大众的眼球。结果有一次，由于他乘坐的马实在受不了扑鼻的香味，竟被熏得狂乱起来，甚至咬伤了主人的膝盖。

另一位以"肌肤如雪"著称的魏晋名士当属何晏，此人也是清谈风尚的始祖之一。何晏堪称当时最大牌的名流之一，他位高权重，是当朝驸马，其妻为曹丕的女儿。尽管自己的肌肤已经很白了，这位清谈名家依然热衷于傅粉，甚至像女人一样粉盒片刻不离，时刻准备补妆。因此何晏又被称为"粉面何郎"，并作为常用典故被后人引用。在听到姑父何晏美白的名声后，当时的皇帝、同样自诩潇洒的魏明帝曹睿很不服气，决心找机会让他出丑。有一天，魏明帝宣召何晏进宫，到吃饭时，不厚道的皇帝明知何晏喜欢傅粉，居然命厨师做了一碗热汤面让人家吃。出人意料的是，虽然何晏吃完热汤面后的确大汗淋漓，香粉掉落，然而当他挽起红色的衣袖轻轻一擦后，面色马上就白皙透亮了。原来，号称"粉面何郎"除了各种外用美白香粉外，还通过服用许多特效药以达到深层美白的功效，可谓真正的"肌如冰雪"了。关于这段传奇，《世说新语》中是这样记载的"何平叔美姿仪，面至白；魏明帝疑其傅粉。正夏月，与热汤饼。既啖，大汗出，以朱衣自拭，色转皎然。"

当清谈之风进入鼎盛时期后，更是涌现出一大批时尚界的"大腕儿"。

首先我们得说大名鼎鼎的"竹林七贤"。

作为中国历史上最著名的一个精神贵族群体，竹林七贤堪称魏晋时期对风尚影响最大的人物。话说在魏正始年间（240—249 年），嵇康、阮籍、山涛、向秀、刘伶、王戎及阮咸等 7 人常聚在当时的山阳县（今河南辉县、修武一带）竹林之下。值得一提的是，当时社会处于动荡时期，司马氏和曹氏争夺政权的斗争异常激烈。而处于夹缝中的文士们不仅无法施展才华，而且时时担忧性命安全，因此他们选择崇尚老庄哲学，从虚无缥缈的神仙境界中去寻找精神寄托，试图通过清谈、饮酒、佯狂等方式来排遣苦闷的心情。每当聚会时，他们或烂醉如泥，或不修边幅，或清谈尽兴，因此被后世称为竹林七贤，并成为这个时期文人的代表。与前辈士人相比，无论是政治思想或生活态度上，他们都显得极为另类。例如在政治上，竹林七贤中的大多数人都对司马氏集团持不合作态度，其中名气最大的嵇康还因此被杀掉。

　　嵇康（223—262年），"竹林七贤"之一，字叔夜，曹魏末年著名文学家、思想家与音乐家，也是魏晋玄学的代表人物之一。在《世说新语》中，有一段文字是专门描写嵇康的风姿的：嵇康身长七尺八寸，风姿特秀。见者叹曰："萧萧肃肃，爽朗清举。"或云："肃肃如松下风，高而徐引。"山公曰："嵇叔夜之为人也，岩岩若孤松之独立；其醉也，傀俄若玉山之将崩。"而在官方史书《晋书·嵇康传》中则说他"身长七尺八寸，美词气，有风仪，而土木形骸，不自藻饰，人以为龙章凤姿天质自然。"

　　通过前面何晏的故事我们知道，魏晋时期，士人们都追求"肌肤若冰雪，绰约若处子"的形象，所以他们都非常注重容貌和服装的修饰，一帮大男人居然喜欢涂脂抹粉，浑身上下挂满首饰、香囊等物件。但若从气质上讲，整个魏晋时期，恐怕只有嵇康一个人能称得上"肌肤若冰雪，绰约若处子"。据记载，嵇康身长七尺八寸（大约190公分），与众不同的是，他既不爱涂脂抹粉，也不爱佩戴首饰，甚至有点不修边幅，据说还常常一个半月都不洗澡。可是由于天然的气质，人们却认为他同青松般俊秀，同美玉般皎洁。熟悉他的人更是感慨其就如同仙子一样，安静时就像一颗傲立的孤松，即便是喝醉酒倒下了，也如同一座玉山崩溃，简直帅呆了。作为当时清谈风中最有"范儿"的大腕儿，嵇康还是一位大音乐家，曾创作《长清》《短清》《长侧》《短侧》等作品，合称"嵇氏四弄"。悲哀的是，这样一位大才子，命运却极为坎坷。在早年，由于受到曹魏政权的赏识，嵇康得以娶曹操曾孙女长乐亭主为妻，因此也算是皇亲国戚了。然而后来司马昭实际上控制了朝政，曹氏天下已危在旦夕。为了笼络士人，为将来的改朝换代打造舆论基础，司马昭极力拉拢嵇康这样的精神领袖。结果由于对司马氏采取不合作态度，嵇康最终被以不忠不孝的罪名处死，时年仅39岁。据说在得知嵇康将被处死的消息后，竟曾有太学生3 000人请求赦免他，并表示愿以其为师，但未被司马昭允许。临刑前，嵇康神色自若，在从容弹奏了《广陵散》一曲后从容赴死，以自己的生命最后一次向人们诠释了真正的魏晋风度。

虽然缺乏嵇康那种与生俱来的超凡气质，但竹林七贤中的其他士人也绝非泛泛之辈。例如名声仅次于嵇康的阮籍，其行为就对后世产生了巨大影响。据史料记载，司马昭欲为其子求婚于阮籍之女，但阮籍却把自己灌醉60天，使司马昭没有机会开口。这些事在当时颇具有代表性，对后世影响也非常大。在司马氏篡夺曹魏政权之后，阮籍便选择彻底放纵自己来宣泄心中的痛苦。因此他常常自己驱车任意游走，行至路穷处便放声大哭。

3. 魏晋名士的荒唐事

除了在仪容上引领时尚外，魏晋时期的清谈大腕儿们还特别喜欢喝酒、吃药，这些行为就像当代的摇滚青年一样。就说喝酒吧，这些士人似乎完全没有养生意识，个个拿自己的性命不当回事，其目的简直是要把自己喝死才罢休。比如身为"竹林七贤"之一的刘伶（字伯伦，今安徽淮北人），就以狂饮著称。由于不满司马氏的黑暗统治，为避免政治迫害，他便嗜酒佯狂，任性放浪。虽然此人身材矮小，相貌丑陋，但却能得到风度翩翩的嵇康等人的青睐，被列入"竹林七贤"，可见其过人之处。据史书记载说，他经常乘鹿车，手里抱一壶酒，然后命仆人提着锄头跟在车子的后面跑，并交代说自己如果醉死了，便随便就地埋了。还有一个更著名的故事说：有一次，刘伶的酒瘾又发作了，当他请求妻子拿酒给他喝时，爱夫心切的妻子哭着把剩余的酒洒在地上，又摔破了酒瓶子，然后眼泪哗哗地劝他戒酒。刘伶假装答应说，好，可是我必须在神明前发誓才能戒得掉，麻烦你准备酒肉祭神吧。可怜的妻子信以为真，听从了他的吩咐。不料这时刘伶竟跪下来祝告说，"天生刘伶，以酒为名；一饮一斛，五斗解酲，妇人之言，慎不可听。"说完便抢过酒一通猛灌，结果又喝得大醉了。与刘伶相似，阮籍也是位嗜酒如命的主，有时甚至喝得吐血。

知识链接

刘伶

刘伶，西晋沛国（治今安徽淮北市）人，字伯伦。"竹林七贤"之一。曾为建威参军。晋武帝泰始初，对朝廷策问，强调无为而治，以无能罢免。平生嗜酒，曾作《酒德颂》，宣扬老庄思想和纵酒放诞之情趣，对传统"礼法"表示蔑视。

另外，魏晋士人还热衷于服用一种叫"五石散"的药。这种药实际上是一种慢性毒药，长期服用会导致身体发热、口干舌燥、情绪狂乱等症状。于是为了透风散热，魏晋士人们都喜欢穿宽袍大袖的衣服，而这样也无形中增添了他们的风度。而在药力的副作用下，他们又都显得行为乖张，格外另类。

魏晋的清谈风尚还造就了一大批特立独行的士人，即使在我们现代人看来，他们的行为都显得非常荒唐。在那个时代，一个士人只有风流不羁，不拘小节，放浪形骸，才能受到社会的注目。例如"竹林七贤"中的刘伶，就堪称玩世不恭的典范。他时常在家里脱光了衣服饮酒，有些进屋找他的客人往往对此无法接受。而每当此时，刘伶竟大言不惭地说："天地是我的房屋，室内是我的衣裤，你们为什么要钻进我的裤裆里来？"同样是"竹林七贤"之一的阮籍，则经常和邻家酒铺的女掌柜一起喝酒，喝醉了就躺在她身边。女掌柜的丈夫开始当然很怀疑，可是观察了很久，发现阮籍确实没有任何不轨，于是就没再干涉。

够洒脱的不仅仅是"竹林七贤"，类似的故事还有很多。例如出身于琅琊王氏的王徽之，就上演了一出"乘兴而来，兴尽而返"的名剧。当年，王徽之辞去了官职，隐居在山阴县（今绍兴市）。有一天深夜下了大雪，睡不着觉的王徽之突然来了兴致，想起了居住在剡县（今浙江嵊州市）的好友戴逵。于是立即乘坐小船去找对方，准备与其长谈一番。经过一夜的奔波，好不容易到了戴逵家门口，不料就在这时，不可思议的一幕发生了。只见王徽之连门都没有敲，就掉头回转。当周围的人问他何故时，王徽之只是淡淡地说了一句："吾本乘兴而行，兴尽而返，何必见戴?"当即使所有人都怔住了。

不过，被清谈风尚滋养出来的魏晋士人们，也有很多行为太过出格了。例如东晋著名的道士、炼丹家葛洪就曾对当时的风气很不满。他记述道，那时宾客相见也不互道寒温，客人一进来就喊："老东西在哪儿?"而主人也马上回答："你这老狗来了?"如果不这么打招呼的，大家都说他古板，不和他来往。就说"竹林七贤"中的王戎，虽然一向被视为七贤中最俗气的一位士人，但也有不少惊人之举。据说有一次他去看望女儿女婿时，因去得太早，竟直接闯进小两口的卧室里，然后就坐在人家床头唠叨。有趣的是，还待在被窝里的女儿女婿也没有丝毫尴尬，而是从容下床接待父亲。即使放在今天，这样的场景也是不可思议的。

知识链接　　　　　　　**王徽之**

　　王徽之（338?—386年），字子猷，东晋琅王琊临沂（今属山东）人。王羲之第五子。东晋名士，书法家。其书法成就在王氏兄弟中仅次于其弟王献之。传世书帖中有《承嫂病不减帖》《新月帖》等。历任车骑参军、大司马及黄门侍郎。他卓荦放诞，清高自恃，因此引来很多非议，后世更有人称他为"伪名士"。

十八

1 000 年前就有球星了：宋代的蹴鞠热潮

听过"上帝哭了"这个笑话吗？有人问上帝，日本足球队什么时候能获世界杯，上帝说要 10 年，日本球迷哭了；问韩国队要多少年，上帝说要 20 年，韩国球迷哭了；问中国队要多少年，这回上帝哭了，上帝说恐怕我都看不见了……其实，在现代足球诞生之前，世界上球踢得最好的是当属中国宋代的人们。假如当时举办世界杯，冠军恐怕非大宋皇帝的臣民们莫属。

不可思议指数：★★★★☆

1. 中国是足球的发源地

2004 年 7 月 15 日，国际足联主席布拉特先生在第三届中国国际足球博览会上向世界正式宣布"足球起源于中国"，山东淄博被正式确认为世界足球起源地。在 2006 年德国世界杯期间，布拉特再次表示："足球起源于中国，临淄是足球的故乡，不仅是你们的骄傲，是中国人的骄傲，也是全世界的骄傲，是所有喜欢足球、喜欢世界杯的人的自豪。"2006 年 4 月，作为德国世界杯的一部分，德国汉堡足球博物馆正式开馆，向观众展示丰富的足球历史文化，包括作为足球起源地的灿烂的中国蹴鞠文化。

"蹴鞠"又名"蹋鞠""蹴球""蹴圆""筑球""踢圆"等，"蹴"指的是踢的动作，"鞠"指的是用牲畜皮和毛制成的足球。"蹴鞠"一词最早载于《史记·苏秦列传》，苏秦游说齐宣王时形容临苗："临苗甚富而实，其民无不吹竽、鼓瑟、蹋鞠者。"意思就是说，齐国有 2 000 里土地，数十万军队，仅临淄一个城市就有 7 万户，人民富庶殷实，都喜欢以吹竽、弹琴、斗鸡、走犬、六博、蹋鞠为乐。由此可以看出，距今

2300 年前的齐宣王（公元前 319 年—公元前 301 年）时期，在我国的临淄城（今山东淄博市）就已经较为广泛地开展了足球活动。

经过战国、秦汉的发展，蹴鞠运动在西汉时期已相当发达。汉代皇室中的蹴鞠规模很大，有专门的球场，四周还有围墙和看台。较为正规的蹴鞠比赛分为两队，双方各有十二名队员参加，以踢进球门之球数的多少决定胜负。西汉时期的项处，可谓第一个因足球而名垂史册的人。据《史记·扁鹊仓公列传》记载，名医淳于意为项处看病，叮嘱他不要过度劳累，但项处不听，仍外出踢球，结果呕血身亡，这也使得项处成为世界上有史可查的第一个狂热"球迷"。

到了唐宋时期，蹴鞠的形制有了很大的改变，蹴鞠的技术也有了很大的提高。据一些古籍记载，唐宋时的蹴鞠有家庭中二三人玩的小型蹴鞠比赛，也有皇室宫廷中玩的数百人参加的大型蹴鞠活动。北宋时，蹴鞠运动较之前朝有了空前发展，成为城市社会性的体育运动，具有广泛的群众性。

其实，不论足球究竟起源于何处，但中国古代的"蹴鞠"与今天现代足球确实存在着惊人的相通之处。

首先，都是双队竞技法。双队竞技法可分为"跃打法""七人制法""十二人制法""三十二人制法"等。"跃打法"是指不用球网、球门，两队相互追逐奔走，以踢球次数多且高者为胜。"七人制法"是指在球场上设一个球门，球门两根立柱设在场地中央，高约三丈。每队七人，规定只站在自己球位上踢，不准跑动换位。由一个队的"球头"将球抛踢过门，而另一队球员用规定姿势接住球，若能将球回踢过门则为胜，双方交替进行。"十二人制法"形制为两边各六个蹴鞠门，比赛双方共有两队参加，每队只允许十二人上场；比赛有裁判，裁判要秉公执法，不徇私情；双方都要遵守裁判的裁决；如双方不服裁决，则由本地执事来最终判决。总之，不论场地多大，不论球门多少，不论上场人数多寡，最终都表现为双队竞赛，这和现代足球的"双队竞技"规则是相同的。

其次，中国古代蹴鞠很早就形成了中线开球、边线发球、底线罚球的规制，这与现代足球的开球、发球与角球的规则雷同。

第三，唐代的蹴鞠能手把踢球的方法归结为"六蹴法"，即筑、拐、蹑、搭、蹬、捻。"筑"的含义是"助"的意思，是指传球、送球的技法；"拐"是指身形变化的技法；"蹑"是指脚法的灵动；"搭"是指给队友创造进球之胜机；"蹬"类似于现代足球的"铲"；"捻"是指带球的高超技术。古人还把"六蹴法"和中国传统文化中的太极十二法结合起来，形成了"转乾坤""燕归巢""斜插花""风摆荷""佛顶珠""旱地拾鱼""金佛推磨""双肩背月""拐子流星""海底捞月""阴阳分手""五行轮转"的十二蹴球法。而这其中的"筑球法"便与现代足球的传球法十分类似。宋代的蹴鞠家曾把"筑球法"归结为"十踢法"，即肩法（肩如手中持重物）、背法（用背慢下快回头）、拐法（拐要控膝蹲腰取）、搭法（用伸腰不起头）、控法（控时须用双眼顾）、捺法（用肩尖微指高）、拽法（时且用身先倒）、膝法（右膝左手略微高）、拍法（胸拍使了低头觑）、月兼法（何必频频问绿杨）等。这样的踢球技术，已经相当接近于现代足球运动的技术了。

2. 中国足球的"黄金时代"

现代人说起蹴鞠，首先就会想到这是宋朝的"国球"。的确，蹴鞠运动在宋代迎来了一个大高潮，并由此进入了它的黄金时代。

那时，上至皇帝，下至平民，没有不对这项比赛着迷的。宋代名画家苏汉臣绘有一幅《宋太祖蹴鞠图》（原画已佚，元代画家钱选临摹品现藏北京故宫博物院），画面描绘的便是宋太祖与其弟赵光义、宰相赵普等六人用白打方式（相当于现代的花式足球）蹴鞠嬉戏的场景。所谓上行下效，蹴鞠运动因此空前高涨。

在当时的北宋首都开封城，蹴鞠活动几乎随处可见，还有几处固定的球场。每逢节假日，包括游春踏青、给皇上祝寿、官员过生日、民俗节日等，几乎是"无鞠不成节"。

宋代的足球活动有两种不同的踢法，在不同的场合举行。用球门的比赛叫作筑球，是朝廷盛大宴会中的表演节目。筑球的比赛方法是分成两队，每队十二人或十六人，隔着球门站在两边，球门是用两根三丈高的长竿，竿上面"杂采结络，留门一尺许"。队员的名称有球头（即队长）、跷球、正挟、头挟、左竿网、右竿网、散立等。比赛开始，先占阄决定开球的队，由球头开球，按一定顺序踢球，最后传球给球头，球头用大脚射门。如果一次射门不过，撞网落下，由竿网接住还可以再踢，再次射门。如球落地即输一球。球过门后，对方接住球，也按一定顺序踢球，最后由球头射门。双方以过门多者为赢。这种比赛，输赢的关键在于球头射门的一脚，所以赢球的队赏赐归于球头，输球的队处罚也由球头承担。赏赐的奖品有银盌锦缎，处罚的办法是在球头的脸上抹白粉，用麻鞭子抽打，以示侮辱。筑球比赛大多是在朝廷重大宴会中进行，比赛中还会有鼓乐队和啦啦队，现场摇旗呐喊助威，热闹异常。据《宋史·礼志》和《宋史·乐志》上记载："每春秋三大宴"要由筑球军表演。招待外宾的筵宴"金使来阙"，也要用"筑球军三十二人"。册命亲王大臣的礼仪，有教坊乐工和百戏的表演，其中也有筑球节目。孟元老在《东京梦华录》中记载宋徽宗的寿辰，"宰执亲王宗室百官入内上寿"，在喝完第六盏御酒后，就是"左右军筑球"。南宋人吴自牧写的《梦粱录》，周密写的《武林旧事》，在"赐宴"和"圣节"中，也都记有筑球的表演。

另一种踢球方法是在一片规定的场地上，以所踢花样难度的高低论输赢，这叫作白打场户。这种比赛可以两人对抗，也可以三人对踢、四人对踢，直至十人对踢。通常以三人场为最多。宋代足球的花样踢法类似后来的踢毽子，可以使用拐、搭、臁、肩。拐就是外脚踝，搭是正脚面，臁是小腿，肩是上体。每一个部位踢球又有许多花样变化，几个花样动作连在一起踢称为解数。由于动作的先后顺序排列的不同，解数可以组成几百套。《蹴鞠谱》上说，宋代足球的踢法有"脚头十万踢，解数百千般"，说明白打场户的踢法繁多，引人兴趣。白打场户的踢法在宋代是作为一种自我娱乐的体育活动，"能令公子精神爽，健身轻体实堪夸"。从官僚贵族到一般平民都喜欢这项活动。

关于蹴鞠的一些著述也随之出现了，如《蹴鞠图谱》《蹴鞠谱》和《事林广记》等等。这些书中使用了大量的专业术语，尽管随着时代的变迁，其中的许多已难以辨识，但我们仍不难从中看出蹴鞠是宋代最受普遍欢迎的娱乐活动。而踢球之所以成为老少欢迎的娱乐，原因在于这种娱乐既使人"精神爽""消长日""度永年"；又可起到强健身体、预防疾病的作用，即"健体安身可美"，"肥风瘦瘠都罢"。"得此消闲永日，运动肢节，善使血脉调和，有轻身健体之功。"此外，还可以"善诱王孙礼义加"，即培养人的道德情操。你或者会感到有些难以想象——700 年前的人们竟对足球运动的娱乐、健身和培养思想情操的作用有了如此充分的认识！也难怪蹴鞠能够有此大发展了。

宋代制球工艺比唐代也有所提高。球壳从八片尖皮发展为"十二片香皮砌成"，原料是"熟硝黄革，实料轻裁"，工艺是"密砌缝成，不露线角"。并规定做成的球重量要"正重十二两"，规格要"碎凑十分圆"。经过如此精密工艺而成的球质量当然很高了。当时手工业作坊制作的球，已有 40 个不同的品种，每个品种各有自己的优缺点。制球工艺的改进，促进了踢球技术的发展，同时也反映了社会需要量的增加。

喜爱足球的人对于皇家马德里、国际米兰、AC 米兰等俱乐部的名称一定不会感到陌生。相对于国外那些长达 100 多年历史的老俱乐部，现今的中国俱乐部还只是蹒跚学步的幼儿。其实，中国早在宋朝时就出现世界上最早的足球俱乐部——齐云社。

由于蹴鞠的流行，各种足球活动十分活跃，齐云社便应运而生。它成立于南宋初期的杭州（当时称临安），时间大概在公元 1100 年左右，又称"圆社"或"天下园"。这是一个全国性的、专门的蹴鞠组织，专门负责蹴鞠活动的比赛组织和宣传推广等，堪称我国最早的单项运动协会，类似于今天的足球俱乐部。换句话说，它就是大宋朝的"皇家马德里"。齐云社的影响力很大，它在全国很多城市都设有分社。只要你是社员，到任何一个城市，都可以享受到免费的接待。当时流行过这样的顺口溜：不入圆社会，到老不风流。

齐云社有严格的社规，凡加入的社员都必须严格遵守。他们对球员的道德修养也做出了严格要求，比如"十要紧"：要明师，要口诀，要打点，要开发，要朋友，要论滚，要精明，要穿着，要让朋，要信实等等。除此之外，齐云社还对如何做一个合格的球员制定了具体的标准：以鼻为界分左右，是在左使左，在右使右。侧边依拐，在肩使肩，在膝使膝，是搭使搭，当歆即歆；并且要步活眼亲，两手如提重物，方为圆社。他们甚至制订了具体到如何下脚的规则，有《下脚文》一篇，细致而明确地说明如何理鬓、解鞋脱靴、怎样使气、怎样变化等等。最有趣的是，他们还有自己的社歌，《事林广记》中就记载了的一套"圆社市语"，它共用了中吕宫《紫苏丸》《缕缕金》《好女儿》《大夫娘》《好孩儿》《赚》《越恁好》《鹊打兔》《尾声》等九支曲牌，以流行歌曲的形式，来歌唱踢球运动，其火热程度堪比今日的足球宝贝。

作为近千年前的"足球俱乐部"，齐云社的运作堪称成熟完善，以致留下了"风流无过圆社""青春公子喜，自发土夫怜，万种风流亭，圆社总为先"等记载，吸引了众多"球星"加盟，对蹴鞠的繁荣发展功不可没。据记载，北宋汴梁城和南宋临安城，在皇宫宴会上表演踢球的名手，就有苏述、孟宣、张俊、李正等；在市井瓦子里的踢球艺人，有黄如意、范老儿、小孙、张明、蔡润等。此外，宋代社会还有一部分人以踢球帮闲混饭吃的。由于蹴鞠深受人们欢迎，不少脑子灵活的商人便借此大做文章：一位叫黄尖嘴的商人开设了一间"蹴球茶坊"；一位卖油的老板将其店唤作"角球店"。这虽是一种促销手段，但也反映了市民们对蹴鞠的喜好。由于蹴鞠踢法多样，观赏性强，有些商人将其引入了商业机制，以吸引游客。如《武林旧事·放春》"将苑使有小圃不满二亩,而花木合匝,亭树奇巧,春时悉以所有书画。顽器冠花器弄之物,罗列满前。且立标杆射垛及秋千梭门门鸡蹴鞠诸戏事,以娱游客。"这大概也算是足球运动中最早的商业化运作倾向吧。

想象一下:在大宋的天空下,绿草盈盈之间,百姓们无论男女老少"触处则蹴鞠疏狂。"众人簇围着一个球,都以"失蹴为耻,久不堕为乐"。今日的中国球迷恐怕会忍不住感慨:这才是真正的踢球者的天堂啊。相信在那个时候,无论如何都不会产生类似"上帝哭了"之类的笑话。

3. 1 000 年前的那些球星们

在这样的社会氛围中,怎么可能不诞生出一些伟大的球星呢?

宋朝最有名的球星当首推高俅,就是罗贯中《水浒传》中的第一大反派。此人原本是街头帮闲混混,后因球艺高超而得到了端王(即后来的宋徽宗)赏识,而后成为皇帝的宠臣。据《水浒传》中的描写,端王在玩蹴鞠时,球落到了高俅面前,只见高俅抖擞精神,使了一个漂亮的"鸳鸯拐"(蝎子摆尾,或又名神龙摆尾),把球踢还给端王。鸳鸯拐是个花样动作,就是先用左外踝踢球,再用右外踝踢球。行家一出手,便知有没有。正是凭这个鸳鸯拐,高俅一下子把全场的人都给镇住了……王明清的《挥尘后录》中也有类似的记载。高俅球技到底如何?书上写道:端王让他表演一下,于是高俅"把平生本事都使出来,奉承端王。那身份模样,这气球一似鳔胶粘在身上的。"可见高俅的控球能力超一流,简直就是 12 世纪的马拉多纳,放在今天参加颠球比赛,也是可载入吉尼斯纪录的。

宋朝职位最高的球星则非开国皇帝、宋太祖赵匡胤莫属。这位皇帝不仅马上功夫了得,足下功夫也不弱。他踢球时,可以头、肩、背、腹、膝、足等部位接触球,灵活变化,随心所欲。

宋真宗时的宰相丁谓应该算是又一位球星了。这位丁相爷名声可不太好，是个典型的"欺师灭祖"之辈。起初为了拍恩师寇准马屁，能够在酒宴上当众为寇准擦掉胡须上的羹汤；但后来寇准失势，他毫不犹豫跳出来落井下石，置恩师于死地。但据说他从小就喜欢蹴鞠，脚法也相当有水准，还以蹴鞠为题材写过一些诗篇。司马光在《司马温公诗话》中就记录了丁谓的蹴鞠诗："鹰鹘胜双眼，龙蛇绕四肢，蹴来行数步，跷后立多时。"从诗中可以看出，丁谓对蹴鞠的领悟颇深，如果改行去做蹴鞠教头，说不定能混个金牌教练的名头而名垂千古。那个秀才柳三复不就是因为投其所好而混上了一官半职吗？

当然，以上几位都还只是"兼职"的球星，人家都还有正经职业要做。要说职业球星，首先就是苏述和孟宣。据《东京梦华录》记载，此二人当时在京城汴京（开封）内外名气很大。作为各自队伍的球头，他俩经常在皇宫诸多国事活动中进行表演，连皇上都是他们的"超级粉丝"。

南宋《武林旧事》也列出了部分球星——"筑球三十二人"的名字，当时参赛人员较汉时的每队十二人增加了四人，变成了十六人。竞赛时两队的名单与位置："左军一十六人，球头张俊、跷球王怜、正挟朱选、头挟施泽、左竿网丁诠、右竿网张林、散立胡椿等；右军一十六人，球头李正、跷球朱珍、正挟朱选、副挟张宁、竿网徐宾、右竿网王用、散立陈俊等。"各人位置司职和现在的左后卫、后腰、前腰、前锋相似。估计这应该是历史上的第一份足球"首发名单"了。

南宋亡国之后，蹴鞠活动被元朝统治者废除。朱元璋称帝以后，严禁军人蹴鞠，并下旨"蹴鞠者卸脚"。不过，由于蹴鞠运动本身的魅力所在，蹴鞠在民间依然盛行。清朝入关后，喜欢射猎的满族统治者对汉民族的蹴鞠也实行了禁止政策。顺治皇帝曾口谕：禁止踢球，对蹴鞠要"即行严禁"。后来，乾隆皇帝干脆明令禁止蹴鞠活动。就这样，大宋王朝的第一运动就此成为绝唱。

十九

缠足：中国史上最丑陋的习俗

　　"三寸金莲"，这个名称听起来是那么美妙，它说的是古代中国女性的小脚。如今在一些博物馆里，我们依然能看到许多旧社会女性的绣鞋。看到这些奇特的展品，相信你一定会目瞪口呆，因为你肯定无法想象当时女人的脚到底是多大尺码。实际上除了婴儿外，恐怕这种鞋根本就穿不进去。但是在近千年的漫长历史中，古代中国的绝大多数女性，却不得不将自己的脚改造成三寸长的小脚。而其方式便是把女子的双脚用布帛缠裹起来，使其骨骼彻底变形萎缩，最终变得又小又尖。虽然对于女性而言，这着实是一种摧残。但是不可思议的是，由于小脚作为一种风尚已深入人心，广大女性仍不得不追求这种畸形的"美"。

　　不可思议指数：★★★★★

1. "金莲"时代开始了

　　作为中国古代的一种陋习，缠足起源于什么时期，可谓是众说纷纭，莫衷一是。

　　传说大禹治水时，曾娶涂山氏女为后，生子启。涂山氏女是狐精，其足很小。殷纣王的妃子妲己据说也是狐精变的，或说是雉精变的。但是由于脚没有变好，所以她就用布帛把脚裹了起来。由于妲己的倍受恩宠，宫中女子便纷纷效仿她，把脚裹起来。

　　另一则传说说的是隋炀帝东游江都时，曾征选百名美女为其拉纤。其中一个被选中的女子名叫吴月娘，因痛恨炀帝暴虐，遂让做铁匠的父亲打制了一把长三寸、宽一寸的莲瓣小刀，然后用长布把刀裹在脚底下。为了不露痕迹，就尽量把脚往小里裹。她还在鞋底上刻了一朵莲花，每走出一步便会留下一朵漂亮的莲花。隋炀帝见后龙心大悦，召她近身，想玩赏她的小脚。吴月娘慢慢地解开裹脚布，突然抽出莲瓣刀向隋炀帝刺去。虽然隋炀帝连忙闪过，但手臂已被刺伤。吴月娘见行刺不成，便投河自尽了。事后，隋炀帝下旨：日后选美，无论女子如何美丽，"裹足女子一律不选"。为纪念月娘，民间女子便纷纷裹起脚来。

有着"千古词帝"之称的南唐后主李煜本无心为帝，可机缘巧合偏偏让他登上了龙椅。这位才华横溢的风流天子尽管不是一个好皇帝，但对诗词、歌舞等却造诣颇深。他后宫中有一位叫窅娘的嫔妃，原是官宦人家女儿，后因家势破败，沦为金陵歌妓。她不仅生得苗条，而且善于歌舞，所以很受李煜的宠爱。李煜诏令筑金莲台，高六尺，饰以珍宝，网带璎珞，台中设置各色瑞莲。窅娘以帛缠足，屈上作新月状，著素袜舞于莲中，回旋有凌云之态。李煜看后，顿时喜不自禁。此后，窅娘为了保持和提高这种舞蹈的绝技，以稳固其受宠的地位，便常用白绫紧裹双足。这有点类似芭蕾舞的效果，凌空回旋，如仙如幻。时间久之，便把脚裹成了"红菱形""新月形"，其舞姿也更为自然，美不胜收。一时之间，女子们竞相仿效，逐渐形成风气，风靡整个社会。这个说法也是迄今最为一般人所接受的。

知识链接　　　　　　　　　　李　煜

李煜（937—978年），即李后主，南唐王朝末代君主，祖籍徐州。李煜原名从嘉，字重光，号钟山隐士、钟峰隐者、白莲居士、莲峰居士等。政治上毫无建树的李煜在南唐灭亡后被北宋俘虏，但是却成为中国历史上首屈一指的词人，被誉为词中之帝，作品千古流传。

不过，这些仅仅是民间的神话和传说，不足以成为当时女子缠足的凭证。从地下发掘的文物和古文献知道，五代以前男女的鞋子是同一形制，所以一些学者经研究指出，中国古代女子缠足兴起于北宋，五代以前中国女子是不缠足的，大约在北宋神宗熙宁年间，缠足已经开始广为流传了。

　　当缠足的风气渐渐传开以后，刚开始只有富贵家庭不须从事劳动的妇女率先接受这种风俗，使得缠足很快变成了财富、权势、荣耀的象征。为了表示是出自上阶层的富贵人家，为使女儿能嫁入豪门，家家户户开始争相为女儿缠脚。缠足也成为官宦世家、淑女必备的美容术，为中下阶层少女走入高阶层家庭的晋身之阶。

　　宋室南渡后，缠足风气更盛，但当时妇女缠足还并不普及，缠足者主要限于上层社会的高贵女人，普通妇女是不裹的。当时对裹脚的要求也只是纤直，还不至于到后世伤筋动骨那么厉害。

　　蒙古贵族入主中原之后，他们虽然不缠足，但也并不反对汉人的缠足习惯，相反还持赞赏的态度。如此一来，缠足之风在元代得以继续发展，甚至出现了以不缠足为耻的观念，并继续向纤小的方向发展，但这时不缠足者仍很多，特别是南方江浙、岭南地区。

　　明代，妇女缠足之风进入兴盛时期，并在各地迅速发展，对裹足的形状也有了一定的要求，女子小脚不但要小到缩至三寸，而且还要弓，要裹成角黍形状等种种讲究。

　　清朝统治者入主中原后，起初极力反对汉人的缠足风俗，一再下令禁止女子缠足。然而，此时的缠足之风已难以禁止，最终只好以罢禁收场，妇女缠足由此达到了登峰造极的地步。女子的小脚受到了前所未有的崇拜与关注，脚的形状、大小成了评判女子美与丑的重要标准。是否缠足，缠得如何，将会直接影响到她个人的终身大事。当时社会各阶层的人娶妻，都以女子大脚为耻，小脚为荣。只要拥有一双傲人的小脚，必然成为争相说媒的对象。于是出现了颇受欢迎的"抱小姐"——因脚太小行动不便，以至于进进出出均要依靠他人抱，是真正"大门不出、二门不迈"的小姐，生来就是给富贵人家养的，做什么都有奴仆女婢，用不着亲自动手。越金贵的小姐，脚就越细，越不会走路。

　　那么，妇女因缠裹而成的小脚为什么被称为"金莲"？有人认为，"金莲"得名于南朝齐东昏侯的潘妃步步生莲花的故事。东昏侯用金箔剪成莲花的形状，铺在地上，让潘妃赤脚在上面走过，从而形成"步步生莲花"美妙景象。但这里的"金莲"并不是指潘妃的脚。还有一种说法认为，"金莲"得名于前述宵娘在莲花台上跳舞的故事。但这里的"金莲"指的是舞台的形状，也不是宵娘的脚。

知 识 链 接

齐 东 昏 侯

齐东昏侯名萧宝卷（483—501 年），中国历史上著名的荒唐皇帝。他新造仙华、神仙、玉寿三座豪华宫殿，又剥取庄严寺的五九子铃装饰殿外，凿金为莲花，贴放于地，令宠妃潘氏行走其上，就是"步步生莲花"。他还特别喜欢干屠夫商贩之类的事情，曾在官苑之中设立市场，让太监杀猪宰羊，宫女沽酒卖肉。萧衍推翻他后，追封其为东昏侯。

有学者认为，小脚之所以称之为"金莲"，应该从佛教文化中的莲花方面加以考察。莲花出淤泥而不染，在佛门中被视为清净高洁的象征。佛教传入中国后，莲花作为一种美好、高洁、珍贵、吉祥的象征也随之传入中国。在中国人的吉祥话语和吉祥图案中，莲花占有相当的地位也说明了这一点。故而以"莲花"来称呼妇女的小脚无疑是一种美称。另外，在佛教艺术中，菩萨多是赤着脚站在莲花上的，这可能也是把莲花与女子小脚联系起来的一个重要原因。中国人传统上喜欢以"金"修饰贵重或美好事物，如"金口""金睛""金銮殿"等。在以小脚为贵的缠足时代，在"莲"字旁加一"金"字而成为"金莲"，当也属一种表示珍贵的美称。后来的小脚迷们还根据脚的大小来细分贵贱美丑，以三寸之内者为金莲，以四寸之内者为银莲，以大于四寸者为铁莲，遂形成了"三寸金莲"的说法。

2. 畸形的"美"，女孩的泪

"三寸金莲"名字虽雅，但却是女孩子以健康为代价、用血泪换来的。缠足通过外力来改变脚的形状，严重影响了脚的正常发育，引起软组织挛缩，这个痛苦的过程是用言语不足以描述的。所谓"裹小脚一双，流眼泪一缸"，而1 000多年以来中国千千万万的女性从小就要经受这样的痛楚，不情愿地忍受着这种从身体到心理上的摧残。

一双小小的金莲里面包含了许多名堂：有所谓的16字诀，不仅要小，还要"轻"，又要"飘"；根据不同的裹脚形状，附上不同的名称，什么"荷叶边""海棠叶"；脚下的小鞋也根据功用的不同，有外鞋、套鞋、便鞋、软鞋等等的分别。过去的女孩一般在五六岁时开始缠足，要获得一双令人满意的"金莲"，需要经过相当烦琐细致的工作。

首先需要准备好缠足时的必备物品，接着是试缠、试紧、裹尖、裹瘦（即裹脚头）、裹弯（即裹脚面）等一系列繁琐的工序，最后才能裹成一双标准的小脚。这其中的痛苦简直难以想象，骨头变形、骨折，伤口化脓、溃烂……可以说是苦不堪言。

脚裹好以后，由于脚掌上用于缓冲冲撞力量的脚弓消失了，所以走路时得用膝关节和踝关节做缓冲。脚掌裹瘦到仅剩大拇指，因此走路时脚掌向前推的力量很小，多以脚跟着地，运用大腿的力量运步。所以缠脚了以后，小腿肌肉萎缩，小腿也跟着变细，大腿反而增粗。也有人走路时用大拇指球和脚跟一起着力的，走路的姿势就变成了外八字形，这是小脚最常见的走路形态。

这还是正常的裹脚方法。如果幼女裹脚起步较晚，或是不了解缠脚的正确方法，或是有些要求裹出特别纤小的形状，那么除了用裹布缠裹以外，还要借助一些其他方法。比如夹竹片，就是在裹瘦以后，用两片竹片夹住脚掌左右用裹布紧缠以达到裹得更瘦的目的。因竹片生硬，关节凸起的部位往往会磨得溃烂化脓，痛苦异常；石板压迫，即在脚向内歪、内拐的情况下，让女孩盘坐着让脚心相对，双脚置于硬木板上，用重石板放上去压，让内拐的脚掌矫正回来。本就很痛的脚掌遭受重压，当然十分痛苦，而要显出效果，则需连续压上一两个月，其痛苦难以想象；裹入碎瓷，即将破旧的杯瓶碗盘等瓷器敲碎成尖锐颗粒，缠脚的时候垫在脚掌上，再用裹脚布缠上去，并逼着女孩走路，让尖锐的瓷片刺进脚趾和脚掌里把脚割破，让脚趾脚掌上的筋肉发炎肿烂，以达到迅速瘦小的目的，其状犹如在接受酷刑；还有人用寸许粗的木棍朝着脚趾用力捶打，打到让脚趾骨折脱臼，使其容易拗折裹瘦。

裹好的小脚从正面看，犹如火伤初愈，露出变形、变颜色的一个肉疙瘩。只有一个翘起的趾头上依稀可辨出上面的指甲，其他一概呈现出可憎的模糊轮廓；从侧面看，脚趾和脚跟已从中折断，两部分紧挨在一起，在软肉的附和下，形成一条由两端站立的曲线，脚跟臃肿，脚掌消失，脚背凸起。脚的全长不及自然长度的一半，整只脚像一个不规则的三角形。最恐怖的是从正面看脚底。那是一幅完全失去了人足的原始形象的荒诞图案。除了变形的足跟之外，已没有一丁点平滑的脚板。四个脚趾长短不一地向外转折，围绕在以大脚趾为轴心的脚心下面，脚趾的正面因此变成了脚板心，完全扭曲地压在了脚板底下。三寸金莲是那个时代女性受尽苦难的象征，而那些精美绝伦的绣花鞋，无不是斑斑血泪筑就而成的。

3. 奇特风尚的背后

在忍受了巨大的痛苦之后，缠足的女子得到的一双小脚在实际生活中却有着种种不便。这种毫无实际效用，又使承受者极端痛苦的事，为什么会普遍流行，成为社会风俗，并且绵绵数百年呢？究其原因，症结恐怕就在于中国长期的男尊女卑观念以及封建传统礼教。封建礼教使男子贵者愈贵，女子贱而愈贱。女子一旦卑贱到成为男子的附属品，为私人所拥有，她便从头到脚都应该是为使男子赏心悦目而存在，她们的举止言行都应该以讨男子的欢心为目的。胡也频所著《小县城中的两个妇人》一文中有段绝妙的女子自白："可不是，男子喜欢小脚，我们就把脚缠得又窄又小，窄小得，至于不能走路。"这实实在在的话语，透露出女子的悲哀与无奈。女子所以要缠足，只是为了要取媚于男子，以此为自己争取到好一点的生存条件而已。

这种人为的伤残行为以人工的方式营造出了一种独特的"女性美"。在五代之前，即有诗文称赞女性小脚之美，五代之后缠过的小脚更是被誉为"金莲""香钩""步步生莲花"等等。明清时代的文人有许多咏小脚的浓词艳句，如"瘦欲无形，越看越生怜惜"，"柔若无骨，愈亲愈耐抚摩"；"第一娇娃，金莲最佳，看凤头一对堪夸，新笋脱瓣，月生芽，尖瘦帮柔绣满花"。头和足，成为文人眼里女性美的两个重要标准。

怎么样的一双小脚才是人人"称羡"的呢？文人对此的看法却不尽相同。流传最广的金莲七字诀"瘦、小、尖、弯、香、软、正"，是一般人品评小脚的标准；李笠翁提出香莲三贵"肥、秀、软"；方绚在《香莲品藻》中列出金莲三十六格"平正圆直，曲窄纤锐，稳称轻薄，安闲妍媚，韵艳弱瘦，腴润隽整，柔劲文武，爽雅超逸，洁静朴巧"，将品莲的学问发挥到了极至。民国初年，陶报癖《采莲新语》用"小瘦弯软称短窄薄锐平直"十一个字来品评，而燕贤《小足谈》则提出"瘦小香软尖，轻巧正贴弯，刚折削平温，稳玉敛匀干"。有人甚至还根据小脚的形态、质地、姿势、"神韵"列出40种要求。

许多封建文人士大夫都以赏玩小脚为癖好。一双"可爱"的小脚，最让男人想入非非的莫过于一握在手的销魂。除了握在手里仔细鉴赏外，前人还"发明"了种种玩莲的技巧，仅握莲的姿势，就有正握、反握、顺握、逆握、倒握、侧握、斜握、竖握、横握、前握、后握等多种，以仔细体会出小脚的小巧动人、纤瘦可爱以及柔若无骨的感觉。有爱莲者甚至对女人大献殷勤，帮女人洗脚、剪趾甲、磨厚肉、擦干、敷粉，借机搔弄趾间，抚握小脚，"趣味"尽在其中。

更邪癖的是以妓鞋行酒，据说始于元代，至清代盛行。清朝方绚写的《贯月查》专门讲如何以鞋行酒这个怪俗。行酒时，推一人为录事，叫他从陪宴妓女的脚上脱下一对小鞋，在一只小鞋内放一杯酒，另一只小鞋放在盘子里。录事拿着盘子走离酒客一尺五寸的地方，而酒客们用大拇指、食指和小指撮取莲子、红豆或榛松之类，对准盘中小鞋投五次，根据投中的次数多少来罚酒，即饮那杯置入在小鞋里的酒，以此取乐。还有一种妓鞋行酒，是把小鞋在桌上传递，传递时数着初一、初二一直到三十的日子，而执小鞋的姿势要随时日数不同按规定变换，或者口向下，或者底朝天，或持鞋尖，或执鞋底，或者平举，或者高举……如有错落，即以鞋中放置酒杯饮酒，有一首歌专门说的是这种妓鞋行酒："双日高声单日默，初三擎尖似新月。底翻初八报上弦，望日举杯向外侧。平举鞋杯二十三，三十复杯照初一。报差时日又重行，罚乃参差与横执。"方绚还有一篇专写妓鞋行酒的《采莲船》，开篇就说："春秋佳日，花月良宵，有倒屐之主人，延曳裙之上客。绮筵肆设，绣幕低垂；绿蚁频量，红裙隔坐。绝缨而履舄交错，飞觞则香泽微闻。"也就是说，妓鞋行酒，是为了闻香气。这种种病态的欣赏，无疑助长了缠足陋习之流行。

这种畸形的审美观实际上包含了浓厚的性意识，清朝文人李渔在其《闲情偶寄》中甚至公然声称，缠足的最高目的是为了满足男人的性欲。由于小脚"香艳欲绝"，玩弄起来足以使人"魂销千古"。在古典名著《金瓶梅》中就有"罗袜一弯，金莲三寸，是砌坑时破土的锹锄"之类的说法。林语堂也曾说过："缠足自始至终都代表性意识的自然存在。"荷兰学者高罗佩在《中国艳情》一书中说："小脚是女性性感的中心，在中国人的性生活中起着极为重要的作用。"清代李汝珍在《镜花缘》中说："缠足与造淫具何异？"

知识链接　　　　　　　高罗佩

高罗佩，荷兰人，本名罗伯特·汉斯·梵·古利克，曾在荷兰驻中国大使馆任职。1910年生，12岁便开始攻读中文，后接受系统的中文训练，研究东亚文化，并获文学博士学位。主要著述有《秘戏图考》《狄公案》等。

　　因妇女缠足之后很少再将自己的小脚示人，所以小脚在一些人心目中是极为幽邃神秘的器官，甚至连穿在小脚上的绣鞋也被赋予了性的内涵。人脚上的神经特别丰富，是对痛觉、搔痒、按摩、温冷极敏感的性感带。缠脚以后女性一双脚上骨骼畸形退化，肌肉萎缩，循环衰竭，但是痛觉触及神经，却在反复受伤刺激疼痛下变得更为敏感。妇女双脚自幼束缚，未经霜露，裹布层层保护，每日细心浸润、熏洗，皮肤细薄如婴儿，一旦解开重重裹布，组织松散，轻软如絮，自然是男人朝思暮想而一握销魂的。

　　缠足不同于中国其他的性风俗，并没有一套繁复的学理，反而处处以道学的姿态出现，呈现出非性非淫的面貌，暗地里却是恋物淫最强烈而具体的形式。这恐怕也是中国几千年性封闭制度下的逆反结果。

二十

"同志"的黄金时期：明清时期男风泛滥

毫无疑问，生活在21世纪的我们是幸福的。因为这是一个空前多元化的时代，不管你有什么样的生活方式，都会在很多地方得到包容。而在众多背离传统的行为当中，男人之间的同性恋无疑是非常典型的一种。有关的统计数据表明，在这个星球上，大约有2%~4%的人有同性恋倾向。想象一下，这是一个多么庞大的群体。实际上我们不必对此感到大惊小怪，因为自古以来，同性恋就一直存在。而令许多人想象不到的是，向来以性关系方面保守的古代中国，竟在明清两代出现了一股世界历史上罕见的"同志"风尚。真是不说不知道，一说吓一跳。

不可思议指数：★★★★★

1. "男风"弥漫了明清两朝

据说在古代亚述，人们就曾对同性恋推崇备至。而到了古希腊人那里，他们居然把男同性恋关系看成是男人武德表现的巅峰，而且还往往给予他们富于理智、美观、道德高尚等评价，觉得男人爱男人，要比爱女人要尊贵得多。例如古希腊神话中的英雄阿喀琉斯就是个同性恋。

进入21世纪以来，虽然同性恋已在许多西方国家获得了合法地位，但广大"同志"们为争取这一胜利实属不易。因为按照基督教的传统教义，任何形式的同性恋都是罪恶的，违背人类的天性。所以在西方历史上，同性恋者始终受到压制和排斥，只能在阴暗的角落里存在。不过加入他们能够穿越大陆来到明清时期的中国，就一定会庆幸自己投对了胎。因为在这个古老的东方帝国，当时正盛行一种不可思议的同性恋风尚，即所谓的"男风"。

据记载，早在黄帝时代，中国就有了同性恋现象。而在战国时代，还出现了一些著名的同性恋国王。例如在《战国策·魏策》中就记载一个故事，有一天魏王和他的男宠龙阳君一起钓鱼，龙阳君钓了十几条鱼，可是却很伤心。魏王问其故，龙阳君说："当我钓到第一条鱼时满心欢喜，后来我又得到更大的就把第一条扔了。现在我受宠于你，可四海之内漂亮的人很多，有朝一日我就会像第一条鱼那样被扔掉。"魏王说："你有这种想法为何不早告诉我？"于是发布命令，如有人在魏王面前提出另一个美貌者，就满门抄斩。正是由于这个著名的故事，后世人便称同性恋为"龙阳之好"。

从那时起，古代中国的同性恋故事就层出不穷，几乎历朝历代都涌现过著名的男"同志"，甚至许多帝王都名列其间。而到明代中后期时，中国社会居然出现了一股空前绝后的男同性恋风尚。特别是由于许多文人和官员的广泛参与，这股奇异的风尚曾长期弥漫于整个帝国。

研究者分析认为，明代中后期男同性恋之所以如此盛行，有着深刻的社会原因。在当时，由于受到程朱理学和封建礼教的影响，社会上继续实行性禁锢和性封闭。为了整顿社会风气，朝廷又废除了实行已久的官妓制度，并且严禁官员和士大夫嫖妓，一经发现将予以严惩。无奈之下，习惯于在婚姻之外发生性行为的人们便只好在同性之间发泄了。与此同时，由于同性恋既不会生儿育女，又不会扰乱宗室家庭秩序，因此当时的社会就在严格控制异性爱的同时，对同性恋加以放宽了。有趣是，那个年代的许多人认为，与嫖妓相比，男风和法律没有抵触，而且嫖妓要花费许多钱，有些人也负担不起。此外，对于男子之间的特殊关系，妻子很难过问追究，家庭矛盾也不会十分尖锐，所以男风就越刮越盛了。

值得一提的是，明中晚期的男性同性恋风气还与当时普遍的纵欲风气有着密切关系。在此之前，明初的文献中虽然也有关于男性同性恋的记载，但基本上是零散的个别现象，并没有形成风气，更没有得到人们普遍的认可。然而进入明中晚期之后，社会上兴起了冲破道德束缚、刻意追求新奇和刺激的社会思潮，由此便造成了男性同性恋的泛滥，并形成了北京、江浙、闽南等三个同性恋中心区域。热衷于这种风气的人员上自帝王公侯，下至庶民百姓，而士大夫更是其中最为活跃的阶层。更不可思议的是，当时社会上同性恋卖淫现象相当普遍，一些大都市甚至出现了专为同性恋服务的卖淫场所——男院，同性恋在社会上被视为一种普通的性行乐方式。除了那些以正统自居的道学家之外，明中期以后的士大夫通常不仅不排斥或谴责同性恋，反而常把它作为一种风流韵事而津津乐道，并加以倡扬。而在这种社会风气的影响下，一些士大夫原本不好这口，但在时代潮流的裹挟下，最终也逐渐热衷起男风时尚来。不少有名的学者及士人，他们除了妻妾外，还有年少俊美的书童，这些书童除伴主人外出或远游，往往也是主人的性伴侣。当时可以说上自天子，下到庶民，几乎都有两男相悦的关系。

在明代中晚期的男风大潮中，一些著名文人扮演了急先锋的角色，有关的例子简直不胜枚举。例如万历十二年，当时的礼部主事、名士屠隆（1541—1605 年，明代戏曲家、文学家）就因为喜好男风而遭罢官。时隔一年，著名的戏曲家、南京国子监博士臧懋循（1550—1620 年，明代戏曲家、戏曲理论家）也因类似的罪名遭到弹劾。而另一位著名文人张岱（1597—1679 年，明末清初文学家、史学家）在回顾自己的一生时曾公开说自己当年就喜欢漂亮男孩儿。而以"三言"文明的小说家冯梦龙，甚至专门搜集自古以来各种文献中所载的同性恋故事，然后公开出版发行。

知识链接

冯梦龙

冯梦龙（1574—1646 年），江苏省苏州人。明代文学家、戏曲家。字犹龙，又字子犹，号龙子犹、墨憨斋主人、顾曲散人，吴下词奴、姑苏词奴、前周柱史等。代表作为《古今小说》。其所著《喻世明言》《警世通言》《醒世恒言》，合称"三言"。三言与凌濛初的《初刻拍案惊奇》《二刻拍案惊奇》合称"三言二拍"，是中国白话短篇小说的经典代表。冯梦龙以其对小说、戏曲、民歌、笑话等通俗文学的创作、搜集、整理、编辑，为我国文学做出了独异的贡献。

　　自明代中晚期到清代，社会上对男性的审美理想产生了很大的变异。"面如冠玉，唇如涂朱"成了通俗小说中男主人公的常见形象，文弱纤秀、女性化的白面书生成了这一时期公认的美男子。至于男性原本应该具有的阳刚之美，则成了没有文化的下层男性的特征。

　　到明武宗在位时，明代的男风发展到了空前狂热的地步，上自天子，下至庶民，几乎都曾有这种经历。有一条文献记载说，甚至土匪强盗、市井无赖也喜好男风。由于男风泛滥，当时对男同性恋有不少代名词与"雅称"，例如读书人叫"翰林风月"、北方人叫"炒茹茹"、南方人叫"打蓬蓬"、徽州人叫"塌豆腐"、江西人叫"铸火盆"、宁波人叫"善善"、龙游人叫"弄若葱"、慈溪人叫"戏虾蟆"、苏州人叫"竭先生"……

　　在当时，京城、江南和福建是男风流行最为严重的三个中心区域。江南的苏州和杭州是男风最盛的地区。尤其是苏州娈童，向来以其灵秀的外表，柔媚的举止和良好的南曲修养而闻名遐迩，据说当时许多豪商富绅甚至以与姑苏娈童狎游作为自己身份的一种标志。由于苏州出过不少状元，因此有人便戏称姑苏的特产是状元与娈童。娈童集中的现象使苏州的同性恋风气特别严重，给当地的少年造成了很坏的影响。而在福建沿海一带，更是盛行所谓的这种风俗。更令人不可思议的是，在京城和江南，男风多与卖淫联系在一起，属于一种性娱乐方式，而在福建居然以近似于婚姻的方式出现，并且所有这些行为都是公开的，得到社会（包括父母亲朋）的认可。此外，在京城及江浙一带，通常都是官员士大夫和商人才玩这种游戏，而在福建竟多为平民百姓。据流传下来的资料记载，他们如同娶媳妇一样，积攒一定的钱财后迎娶自己的同性恋伴侣。

　　显然，对于这种不可思议的风尚，任何外来的旁观者都会感到无法理解的，尤其向来对同性恋深恶痛绝的西方人更是如此。例如曾在中国生活了很长时间的著名传教士利玛窦，就曾经记载了他在当时北京街头所见到一些情形："公共场所充满了刻意打扮成娈童模样的少年，一些人买回这些少年，教会他们弹琴、唱曲和舞蹈，然后这些可怜的男孩浓妆靓饰、涂脂抹粉，变得恍若美女，就这样正式开始了可怕的卖淫活动。"

明朝灭亡后，取而代之的清王朝虽然是满洲人建立起来的，男风时尚并未因此销声匿迹，反而达到了前所未有的另一个高峰。清朝的统治者对性的控制也是十分严酷的，不但严禁满汉通婚，严禁乱扰民间妇女，又严禁宿娼，禁男女无媒交接。至于同性恋，因其对政权并没有什么危害，因此就为清朝的统治者所默许了。于是，同性恋在清朝就成为上许下行的社会风尚。与明代中晚期比起来，清代的男风有所不同。一是士大夫所狎昵的男色多半是优伶，二是男妓盛极一时，三是在士子相互之间或和书童、娈童搞同性恋的多。在清代，文人雅客多将"男风"视为风雅之事，例如著名书画家郑板桥与戏剧家袁枚便是其中最知名的两位。据说，郑板桥一生花在男色上的钱财可谓不计其数，年老之时仍热衷此道。

知识链接

郑板桥

郑板桥（1693—1765年），江苏兴化人。清代著名画家、书法家，"扬州八怪"的主要代表。乾隆时进士，曾任山东潍县县令。原名郑燮，字克柔，号板桥，也称郑板桥；其诗、书、画世称"三绝"，擅画兰竹。

知识链接

袁枚

袁枚（1716—1797年），字子才，号简斋，晚年自号仓山居士、随园主人、随园老人，钱塘（今浙江杭州）人。清代诗人、散文家，与赵翼、蒋士铨合称"乾隆三大家"。为文自成一家，与纪晓岚齐名，时称"南袁北纪"。著有《小仓山房集》；《随园诗话》16卷及《补遗》10卷；《新齐谐》24卷及《续新齐谐》10卷；散文，尺牍等30余种。其所著神怪笔记小说《子不语》与纪晓岚《阅微草堂笔记》齐名。袁枚还是一位美食家，写有著名的《随园食单》，是清朝一部系统地论述烹饪技术和南北菜点的重要著作。

2. 明清的那些"同志"皇帝

在持续数百年的这股"男风"热潮中，许多身为一国之君的皇帝就是著名的"同志"，通过他们的故事，后人可以更深刻地体会到当时这种奇异风尚的流行程度。

众所周知，大明王朝的开国皇帝朱元璋出身贫寒农民之家，然而这位生活俭朴的帝王可能不会想到，他的许多子孙却很快就将祖先的教诲抛到了九霄云外，对各种稀奇古怪的风尚都极为热衷。有记载显示，明代宫廷似乎一直有喜好男风的传统。例如在官方史书《明史》中，就专门有关于帝王男宠记载的《佞幸列传》。不仅如此，明朝的"同志"皇帝们在引领同性恋风气方面似乎格外卖力。据《万历野获编》记载，早在明英宗时，一位名叫马良的少年就曾因姿色出众而受到皇帝的宠幸。此人当时经常与皇帝同卧同起，因此官运亨通，最终位居极品。不过从狂热程度上讲，明朝最著名的"同志"皇帝当属正德了。

明武宗正德皇帝堪称明朝最荒淫无度的帝王，而在好男风方面更可谓空前绝后。据说他特别喜欢年少英俊的娈童，所拥有的男宠不计其数，身份也很复杂。据史书记载，正德皇帝在宫廷中整日与多名男宠厮混，并慷慨地封这些男宠为"义子"，赐姓朱，为他们起造豪华府第，允许他们参与政治活动，甚至掌握军权。其中，尤以钱宁、江彬等人气焰嚣张，这些小白脸恃宠干预朝政，权势炙手可热。例如钱宁因被封为皇帝义子，其名片上干脆写上"皇庶子"的头衔。他经常与正德皇帝同睡一屋，一起饮酒作乐。而每当皇帝喝醉后，甚至枕在钱宁的大腿上睡觉。第二天，当大臣们前来上朝时，不得不忍气吞声地在门外一直等待。综合各种文献记载，后人完全可以猜测得出正德皇帝的性倾向。这位以放荡著称的皇帝，酷好标新立异，同性恋对他来说显然更具有刺激性。据说，虽然拥有后宫佳丽三千，但正德皇帝却似乎并不懂得怜香惜玉。因为他几乎整日与一帮男宠鬼混，每月仅有四五日到后宫看望一下如花似玉的后妃们。在冷落后妃的同时，这位皇帝反倒以各种方法搜罗男宠，不断从宫里的太监中遴选娈童作为贴身随从，当然也与他们进行性娱乐活动。或许这还嫌不够，他又频频外出游幸，其目的之一便是四处搜罗娈童。

一看皇帝好这口，大明王朝的男风自然刮得愈加猛烈。于是为了获取皇帝的欢心，进而谋得升迁和赏赐，一些无赖士人竞相呈献男宠。面对这种可怕的状况，朝中许多大臣再也坐不住了，因为他们担心，如果皇帝一味沉溺于男风，那他恐怕连继承人都没有了。鉴于这种考虑，当时许多大臣甚至冒着生命危险对皇帝进行了规劝。事实证明，大臣们的担心是完全正确的，因为这位皇帝果然没有留下子嗣。不过有趣的是，这些大臣完全是从延续皇家香火的角度考虑问题，而对男风本身并没有丝毫的反对。正德皇帝纵情声色的生活虽受到当时官员士人的普遍指责，却也对社会上的纵欲风气产生了相当的影响，随后，酷好男风的性倾向在社会上迅速蔓延开来。正德之后，包括万历、嘉靖乃至南明小朝廷的福王等人，都是典型的男风喜好者。可以说，明代宫廷内的这些奇闻正是当时社会上男性同性恋盛行的缩影。

相比之下，清代追逐男风时尚的皇帝就很少了，相关的确切史料也不够充分。不过，一些民间流传的故事也很值得后人关注。有关清代皇室与男风发生牵连的记载，最早来自于康熙的大儿子胤礽。胤礽很早就被康熙立为皇太子，一度被视为皇位的继承人。然而在后来，由于各种各样的原因，这位太子几经波折后最终被废黜。而据有关史料记载，胤礽之所以失宠，很可能与好男风有一定关系。那是在康熙四十七年，皇帝下发了一道圣旨，其中说道："朕历览史书，时深警戒，从不令外间妇女出入宫掖，亦从不令姣好少年随侍左右，守身至洁，……今皇太子所行若此，朕实不胜愤懑，至今六日未尝安寝！"后人猜测，其中的姣好少年指的就是男宠。

接下来这个故事就更著名了，因为它流传甚广，其主人公则是清朝皇帝乾隆与和珅。据野史记载说，雍正皇帝原本有一个美貌娇艳的妃子，乾隆十五岁那年进宫办事时恰好从那妃子身边过，看见她正对着镜子梳头。于是心性天真乾隆便上前从后面捂住妃子的双眼，想与妃子开个玩笑。妃子哪里知道是太子，被乾隆这么一捂，吓了一大跳，就顺手拿起梳子朝后砸过去，结果正好砸在乾隆的脸上。乾隆一疼，立刻放手。第二天，雍正发现了乾隆脸上的小伤疤，问他怎么弄的。在父皇的严厉斥责之下，乾隆如实相告。不料太后闻听后怀疑是妃子调戏太子，便立即将妃子赐死。看到冤死的妃子，悲痛的乾隆把一根手指染成红色，在妃子的脖子上点了一下说："是我害了你，如果魂灵保佑，那就让你在二十年后和我相聚吧。"转眼二十年过去了，乾隆已当上了皇帝。有一天，乾隆想外出，仓促之间找不到黄盖，便问四周人说："这是谁的过失？"这时，一位名叫和珅的侍卫连忙说："典守者有不可推卸的责任！"乾隆一看，觉得此人非常眼熟，猛想起他与当年那位妃子面貌相似。于是密召和珅入宫，仔细观看他的脖子，发现"指痕犹在"，从而认定眼前的和珅就是那妃子转世。从此以后，和珅的仕途一帆风顺，直至位极人臣。通过这个故事，很多人认为乾隆与和珅之间有同性恋的嫌疑。

3. 古典文学中的"同志"们

除了现实生活广泛流行"男风"时尚外，明清时期的许多文学作品中也为广大男"同志"们花费了笔墨。令西方人感到不可思议的是，中国古典文学中一直存在着描写同性恋的部分，而又以明清时期最多，并且大都以小说的形式表现出来。明代中后期，由于社会风气的影响，产生了一大批艳情小说，并在进入清代以后继续泛滥。在这种背景下，同性恋描写在小说中便大量出现。

如果我们有兴趣翻阅一下明清时期的言情小说，就会发现很多作品都有同性恋描写穿插其间，如《金瓶梅》《红楼梦》《续金瓶梅》《初刻拍案惊奇》《石点头》《阅微草堂笔记》《子不语》《怜香伴》《情史》《艳异编》《明珠缘》《怡情阵》《肉蒲团》《绣榻野史》《浪史》《桃花影》《杏花天》《梧桐影》等。另外，当时社会上还涌现出一些专门描写同性恋的小说，如《断袖记》《龙阳逸史》《弁而钗》《宜春香质》《品花宝鉴》等。

在《红楼梦》这部伟大的小说中，就有不少关于男同性恋的隐晦描写，从中我们可以看出清代男风盛行的情况。读过《红楼梦》的人可能都知道，在曹雪芹笔下，属于男同性恋的人物比较多，例如贾宝玉、秦钟、柳湘莲、蒋玉菡等人无不属于此类。在小说中，秦钟是宝玉第一位同性恋伴侣。请看第七回："那宝玉只一见了秦钟的人品，心中便如有所失，痴了半日，自己心中又起了呆意……秦钟自见了宝玉形容出众，举止不浮，更兼金冠绣服，骄婢侈童，秦钟心中亦自思道：果然这宝玉怨不得人人溺爱他。可恨我偏生于清寒之家，不能与他耳鬓交结，可知'贫富'二字限人，亦世间之大不快事。"第九回："又有自宝、秦二人来了，都生的花朵儿一般的模样，又见秦钟腼腆温柔，未语面先红，怯怯羞羞，有女儿之风；宝玉又是天生成惯能做小服低，赔身下气，性情体贴，话语绵缠，因此二人更加亲厚，也怨不得那起同窗人起了疑，背地里你言我语，诟谇谣诼，布满书房内外。"

如果说《红楼梦》之类的小说中有关男同性恋的描写还比较隐晦的话，那么一些专门描写男男之爱的小说则足以让后人大开眼界了，而明代末年产生的《龙阳逸史》《弁而钗》《宜春香质》等就是其中的代表。《龙阳逸史》刊行于1632年（崇祯五年），集中体现了明代男风的盛况。这部"京江醉竹居士浪编"的二十个短篇故事的小说集，故事背景涉及大江南北，真实地再现了晚明时期娈童遍养、小唱盛行的社会时尚。和《龙阳逸史》一样，在崇祯末年问世的《弁而钗》《宜春香质》二书也对明代男风的盛行有着详细的介绍。